In Sturm und Eis · Hans Memminger

Hans Memminger

In Sturm und Eis

Mit dem Kajak durch das gefürchtete Kernstück der Nordwest-Passage

Mit Fotos von Hans und Michi Memminger,
Mike Hierl, Volkmar Weiß und Chris Breckle

rosenheimer

Satz: Buch-Werkstatt GmbH, Bad Aibling
Lithographie: Lito servis, Italien
Druck: Wilhelm Röck GmbH, Weinsberg
Bindung: Großbuchbinderei Röck GmbH, Weinsberg

ISBN 3-475-52783-9

ISLAND
Cornwallis
Truro
Island
Cornwallis
Island
Wellington Channel
Cape
C Grinnell
DEV
Maxwell Bay
Resolute
Beechey Island
Barrow Strait
Garrett I
Lowther I
Griffith I
Gifford Pt
Cape Rennell
Gamier Bay
Young I
Cape Anne
Cunningham Inlet
1991
Cape York
Krabbé Pt
C Walker
Pressure Point
Russell I
Dundas
Aston Bay
Elwin Bay
Jackson Inlet
C Granite
Baring Channel
Cape Briggs
M'Clure Bay
SOMERSET
Back Bay
PRINCE
OF
WALES
ISLAND
ISLAND
Prescott I
Howe Harbour
Überwinterungsplatz der Boote
Stanwell-Fletcher
Prince Regent Inlet
McBean Bay
BROD
Fury Pt
Creswell Bay
1992
Hütten Creswell Bay
Cape Garry
Peel Sound
Crooked Lake
Fitzgerald Bay
Ditchburn Pt
Cape Kater
PE
Fisher Lake
Transition Bay
Bellot Str
Brentford B
Murray Bay
Bourassa Bay
C Eyre
Fort Ross
C Scoresby
C Heytesbury
Cape Airy
Port Logan
Haughton
Dixon I
Charles Dickens Point
Thackeray Pt
Cape Nordenskiold
Moltke Bay
Wrottesley Inlet
GULF OF BOOTHIA
0 50 100 150 km
Cape Swinburne
Anreise mit Schlitten 1992
Abernethy Bay
Palmerston

Russell Point
Peel Point
Kilian I
Milne Point
Cape Eden
Stefansson Island
Goldsmith Chan
Cape John Dyer
strong Pt
Hawk
Minto Head
Hadley Bay
SEYMOUR ISLAND
Natkusiak Peninsula
Storkerson Peninsula
Cape Richard Collinson
NCE
RT
LA
Webb Point
Cape Ackworth
Sherard Osborn Pt
M'Clintock
SHALER MOUNTAINS
River
Victoria Island
Cape Stang
Tahiryuak Lake
nness Pen
Kuuk R
Nanook River
Zeta Lake
Namaycush Lake
Cape Sverdrup
Cape Anker
Sound
Linaluk I
George I
Washburn L
ston
sula
Quunnguq Lake
Tahoe L
Surrey Lake
Banning Lake
Ferguson Lake
Wellington Bay
Kitiga Lake
Cape Adelaide
Cape Peel
C Alexander
Cambridge Ba
Strait
Tassijuak Lake
Byron Bay
Lady Franklin Point
Cape Krusenstern
Dease Strait
Peninsula
Anderson Bay
Melbourne I
Jenny Lind I
0
50
100
150 km

Cape Briggs
PRINCE OF WALES ISLAND
SOMERSET ISLAND
BRODEUR PENINSULA
Back Bay
M'Clure
Prescott I
Überwinterungsplatz der Boote
Howe Harbour
Stanwell-Fletcher
Hütten Creswell Bay
Creswell Bay
Fury Pt
Cape Garry
1992
Peel Sound
Prince Regent Inlet
McBean Bay
Admiralty Inlet
Yeoman I
Crooked Lake
Fitzgerald Bay
Ditchburn Pt
Cape Kater
Fisher Lake
Transition Bay
Bellot Str
Fort Ross
Bouroassa Bay
C Eyre
C Scoresby
C Heytesbury
Cape Airy
Port Logan
Cape Nordenskiold
Moltke Bay
Bernier Bay
Charles Dickens Point
Dixon I
Wrottesley Inlet
GULF OF BOOTHIA
Cape Swinburne
BOOTHIA PENINSULA
Abernethy Bay
Arbuthnot Island
Ilaunnalik Bay
Elizabeth Harbour
C Palmerston
C Manson
C Allington
Mary Jones Bay
Cape Landry
Larsen Sound
Crown Prince Frederik
Mundy Harbour
Cape Margaret
Thom Bay
Gateshead Island
Cape Alexander
Astronomical Society Islands
Cape Kjer
Collinson
Krusenstern Lake
Lord Mayor Bay
Kull Island
Harrison I
Hansteen Lake
Middle Lake
Boothia Isthmus
Cape Felix
Tennent Islands
James Ross Str
Spence Bay
Taloyoak (Spence Bay)
Victory Pt
Back Bay
Franklin Pt
Cape Alfred
Victoria Strait
St. Roch Basin
1993
C Porter
C Berens
King William Island
Shepherd Bay
Erebus Bay
Royal Geographical Society Is
Graham Gore Peninsula
C F. Crozier
Beads Island
De la Guiche Pt
Matheson Pt
Rae Strait
Acland Point
Terror Bay
Brands Pt
L. d'Abruzzi C
Fitzjames I
Gjoa Haven
Schwatka Bay
Betzold Pt
C J. Herschel
Gladman Point
Malerualik L
Simpson Strait
Eta I
J. Ross
Booth
Rasmussen
Inglis Bay
Cape Selkirk
Pelly Bay
Arrowsmith River
River
Simpson Penin
Pell

»Die Zeit ist nur ein Strom, in dem ich fische. Ich trinke aus ihm, aber während ich trinke, sehe ich den sandigen Boden und merke, wie seicht er ist. ... Ich möchte aus tieferen Wassern trinken – im Himmel fischen, in seinem wie mit Kieseln bestirnten Grund. Doch ich kann nicht einen zählen, ich kenne nicht einmal den ersten Buchstaben seines Alphabets.«

Henry D.Thoreau

1989
1991
1992
1993
Thule
Resolute
Taloyoak
(Spence Bay)
Gjoa Haven
Middle Lake
Cambridge Bay
Grise Fiord
Pond Inlet
Nanisivik
Arctic Bay
Igloolik
Hall Beach
Pelly Bay
North Magnetic Pole
HEIBERG
MARGARET RANGE
ISLAND
SVERDRUP ISLANDS
RIGNES ISLAND
AMUND RINGNES ISLAND
ISLANDS
BATHURST ISLAND
Cornwallis Island
DEVON ISLAND
BYLOT ISLAND
SOMERSET ISLAND
PRINCE OF WALES ISLAND
BORDEN PENINSULA
BRODEUR PENINSULA
BOOTHIA PENINSULA
MELVILLE PENINSULA
King William Island
Adelaide Peninsula
Lancaster Sound
Jones Sound
Barrow Strait
Peel Sound
Prince Regent Inlet
Gulf of Boothia
Franklin Strait
Queen Maud Gulf
Viscount Melville Sound
M'Clintock Channel
Larsen Sound
Fury and Hecla Strait
Committee Bay
Norwegian Bay
Belcher Channel
Penny Strait
Queens Channel
Admiralty Inlet
Eclipse Sound
Navy Board Inlet
Prince Gustaf Adolf Sea
Peary Channel
Cape Sabine
Cape Herschel
Cape Isabella
Paget Point
Cape Dunsterville
Cape Faraday
Esther Island
Cape Mouat
Cape Combermere
Clarence Head
Cape Norton Shaw
Phillips Point
Coburg I
Cape Parker
Philpots Island
Cape Sherard
C Warrender
Cape Home
Gifford Pt
Griffith I
Prescott I
Fury Pt
Cape Garry
C Scoresby
C Heytesbury
Cape Airy
C Palmerston
Cape Margaret
Astronomical Society Islands
Cape Kjer
Kull Island
Harrison I
C Berens
C Porter
Shepherd Bay
Acland Point
Hovgaard
Cape Selkirk
Gladman Point
Grant Pt
Hat Island
O'Reilly Island
Royal Geographical Society Is
Jenny Lind I
Melbourne I
Cape Alexander
Tennent Islands
Cape Felix
Thorvald Peninsula
Knud Peninsula
Raanes Peninsula
Svendsen Pen
Bjorne Pen
Graham Island
Buckingham I
Grinnell Peninsula
Simmons Pen
Colin Archer Pen
Boat Point
Owen Point
Skruis Pt
C Svarten
Cape Osborn
C Grinnell
C Storm
Cape Sparbo
Ward Pt
Belcher Pt
Lee Pt
Hyperite Pt
Haig Thomas I
Cape Nathorst
King Christian I
Edmund Walker Island
Berkeley Group
Helena I
Sherard Osborn I
Cape Davis
Sargent Point
Baillie-Hamilton I
Little Cornwallis I
Truro Island
Cape Isachsen
Isachsen Pen
Isachsen Ellef
Noice Pen
Cape Thorstein
Meighen Island
Bad Weather Cape
Cape Northwest
Cape Levvel
Cape Mamen
Findlay Group
Lougheed I
Cape George Richards
Success Point
Invincible Point
Île Vanier
Massey Island
Île Marc
King Point
Byam Martin I
Little Point
Cape Bounty Point
Garrett I
Lowther I
Young I
Krabbé Pt
C Walker
Russell I
C Granite
Cape Briggs
Cape Dundas
Cape Berkeley
Milne Point
Cape Eden
Kilian I
Stefansson Island
Cape John Dyer
Minto Head
Hawkes Pt
Cape Richard Collinson
Webb Point
Cape Ackworth
Sherard Osborn Pt
Storkerson Peninsula
Cape Haughton
Thackeray Pt
Charles Dickens Point
Cape Stang
Cape Swinburne
Cape Sverdrup
Cape Anker
Cape Michelsen
Cape Jensen
Cape Admiral Collinson
Gateshead Island
Cape Alexander
Collinson Peninsula
Cape Alfred
Cape Adelaide
Cape Peel
C Alexander
Kent Peninsula
Whitebear Point
Atkinson Point
Umingmaktok
C Eyre
Dixon I
Cape Kater
Morin Pt
Cape Landry
Crown Prince Frederik I
C Chapman
Simpson Peninsula
C Richardson
Mackar Inlet
Cape Lady Simpson
Wales Island
C Weynton
Rae Isthmus
Repulse Bay
Cape York
C Crauford
Cape Joy
Yeoman I
C Byam Martin
BYLOT ISLAND BIRD SANCTUARY
C Walter Bathurst
C Graham Moore
Cape Weld
Cape Macculloch
Cape Coutts
Nova Zembla I
Jens Munk Island
Koch I
Rowley I
Ormonde I
Ignerit Pt
Bray I
North Spicer Island
South Spicer Island
Cape Jermain
C Robert Brown
Cape Wilson
Point Elizabeth
Winter Island
C Martineau
1 : 5 000 000
0 50 100 150 200 250 300 km

Vorwort

Ernie Lyall, der als Angestellter der *Hudson Bay Company* sein ganzes Leben im hohen Norden verbrachte, bemerkt in seinem Buch *An Arctic Man* etwas ironisch: »Wenn einer für eine Stunde vom Süden in den Norden kommt, schreibt er einen Zeitungsartikel. Wenn er eine Nacht in der Arktis verbrachte, einen großen Bericht für ein Magazin, und wenn er drei Tage hier war, dann hält er sich für einen Experten und schreibt ein ganzes Buch.«

In gewisser Weise trifft Ernie Lyall's Kritik auch auf mich zu, denn ich habe das weiße Land unter dem Sternbild des Großen Wagens nur fünf Sommer lang erlebt. Ich halte mich auch nicht für einen Experten, aber ich habe doch die arktische Region mit ungeheurer Intensität empfunden, hautnah und schmerzhaft! Ich habe sie durchwandert, zu Fuß und mit dem alten Jagdgerät seiner Ureinwohner, dem Kajak. Ohne Motor – ohne Segel – ohne Hunde.

Ich habe nie einen Polarwinter erlebt, dafür viele Monate Einsamkeit unter freiem Himmel. Dabei ist mir die Angst des ausweglosen Gefangenseins im Packeis ebensowenig erspart geblieben, wie den Arktisfahrern früherer Tage. Nur gab es für sie noch unentdeckte Horizonte und das Gefühl, in der Unendlichkeit unterwegs zu sein.

Ich war mit jungen Menschen unterwegs, eine Generation jünger als ich. Für meinen Sohn Michi, als Fotograf, war es die erste Expedition. Ich habe bemerkt, wie wichtig gerade für junge Menschen das Leben mit der Natur ist. Wenn sie selbst spüren, welche innere Kraft ihnen durch die Bewältigung von Widerständen zuwächst. Wieder einmal Hunger haben und jeden Bissen bewußt aufnehmen. Warme Geborgenheit im kleinen Zelt atmen, während draußen der Sturm tobt. Und erkennen, daß man selbst der empfindlichste, schwächste Teil im Netzwerk der Natur ist.

Der Weg unserer vier Kajak-Expeditionen führte uns von Thule in Grönland bis zu den Royal Geographical Society Islands in Kanada. Den ersten Teil, die 2400 Kilometer lange Eismeerquerung von Thule nach Resolute, habe ich in meinen Buch »Die Arktis im Kajak« beschrieben. Die erste Etappe war trotz ihrer ungeheuren Anstrengungen so faszinierend, daß sie Anlaß für unsere weiteren Arktisfahrten war. Dazu kamen die historischen Berichte der Arktisforschung, die dramatischen Schilderungen um die Suche nach der Nordwest-Passage, die mich fesselten und lockten.

Die Frage, ob es möglich sei, den gefürchteten Eisteil der Nordwest-Passage auch mit Kajaks zu bewältigen, ließ mich nicht mehr los; jene 1000 Kilometer lange Strecke von Resolute bis Cape John Herschel, die mehr an Menschen und Schiffen gefordert hatte, als je eine andere Erkundung der Erde. Hunderte sind verschollen, verhungert, erfroren.
Von der größten Expedition, die je zur Suche nach der Nordwest-Passage aufbrach, kehrte keiner lebend zurück. Dieses Drama John Franklins und seiner 128 Männer, die 1847 trotz modernst ausgerüsteter dampfgetriebener Schiffe dem Packeis zum Opfer fielen, ist bis heute nicht vergessen. Unsere Kajak-Expedition stand im krassen Gegensatz zu diesen aufwendigen Unternehmungen.

Wir hatten der harten arktischen Natur nur unsere Muskelkraft entgegenzusetzen. Aber die Kajaks hatten sich bei unserer Querung von Grönland nach Kanada derart gut bewährt, daß wir weiterhin auf sie vertrauten. Trotzdem setzte 1991 unüberwindliches Packeis unseren Bemühungen, Gjoa Haven zu erreichen, vorzeitig ein Ende. Wir mußten unsere Kajaks zurücklassen und konnten uns in einem 100 Kilometer langen Gewaltmarsch zum Inuit-Jagdlager in der Creswell Bay vor dem einfallenden Winter in Sicherheit bringen. 1992 kamen wir zurück und setzten die Querung bis Taloyoak fort. Im darauffolgenden Sommer erreichten wir auf King William Island beim Cape John Herschel dann jene Stelle, die Thomas Simpson 1839 von Westen her erkundete und die den Endpunkt des letzten, so hart erkämpften Teils der Nordwest-Passage markiert.

Hans Memminger

Eine einsame Siedlung auf einer riesigen Naturschutthalde – das ist Resolute an der Südküste von Cornwallis Island. Sie ist Ausgangspunkt der meisten Nordpol-Unternehmungen. Auch unser Weg durch das Kernstück der Nordwest-Passage beginnt hier. Das erste Problem, das sich uns stellt, ist die Überquerung der Barrow Strait, die sich im Hintergrund in Eis und Wolken verliert.

Resolute, 30. Juli 1991

Seit 10 Tagen peitscht der Sturm die Fahnen auf dem Dach des *High Arctic Centers*. Ihr hektisches Knattern verfolgt mich bereits bis in den Schlaf. Jeden Morgen gilt mein erster Blick diesen flatternden Fetzen, die warnend einen weiteren Rasttag signalisieren. Unsere Kajaks liegen startklar, vollbepackt bis zum letzten Winkel mit Ausrüstung und Proviant für zwei Monate.

Noch wagen wir uns nicht aufs Meer. Die 70-Kilometer-Querung der Barrow Strait hinüber nach Somerset Island ist uns bei dem Sturm nicht geheuer. Selbst bei Windstille birgt sie mit ihrer unberechenbaren Eisdrift ein hohes Maß an Risiko.

Den täglichen Gang zur Meteo-Station könnten wir uns ersparen. Die neuesten Eiskarten zeigen unverändert 90 Prozent Eis bis Gjoa Haven. Glenn von der Wetterstation, der uns jeden Tag geduldig die Karten aus dem Faxgerät holt, spricht vom kältesten Sommer seit Bestehen der Station, und – als könnte er uns damit beruhigen – vom nächsten Sturmtief.

»Take it easy«, Bezal Jesudason vom *High Arctic Center* sieht es gelassen. Wer keine Geduld hat, ist am falschen Ort. Er lebt seit 25 Jahren hier und kennt die Arktis genau.

Eine spanische Expedition wartet bereits seit zwei Monaten. Harte, sympathische Burschen, die mit Hundeschlitten, halb verhungert, von Grönland gekommen sind. Nun wollen sie, wie wir, mit Kajaks weiter. Ihre nagelneuen schlanken *Eskis* liegen neben unseren voluminösen Booten in Bezals Garage. Ihre Ausrüstung ist perfekt, und doch für das Eismeer höchst un-

Die Flugzeugwracks um Resolute wirken nicht gerade beruhigend; sie stammen jedoch alle aus jener Zeit, als die Maschinen noch nicht mit Blindfluginstrumenten ausgestattet waren. Für die kleineren Flugzeuge, die diese Instrumente nicht besitzen, sind die vielen Nebeltage immer noch ein großes Problem.

geeignet. Die Boote sind zu lang, zu schmal und mit den schweren Packen auf dem Verdeck zu windanfällig und instabil. Schwer vorstellbar, daß sie damit im Eismeer bestehen können.

Unsere Boote sind knapp einen Meter kürzer als übliche Seekajaks. Das hat im Eis, wo Wendigkeit gefragt ist, erhebliche Vorteile. Außerdem haben sie durch ihre 66 Zentimeter Breite soviel mehr an Volumen, daß wir für unsere mehrmonatige Expeditionsfahrt alles unter Deck verstauen können. Das ist gerade bei Sturm lebensnotwendig.

Neben der geringeren Kentergefahr beim Aus- und Einsteigen bringt die größere Breite einen weiteren Vorteil: Sollte es im Treibeis einmal unmöglich sein, das Zelt aufzuschlagen, könnten wir uns im Kajak etwas ausstrecken, ja zur Not sogar schlafen. Wie bei unserer Grönland-Querung müssen wir auch hier damit rechnen, einmal mehr als 20 Stunden ohne Pause in unseren Booten zu sitzen. Ohne diese hervorragenden Geräte wären wir vor zwei Jahren kaum bis hierher gekommen.

Von der damaligen Mannschaft ist nur Mike Hierl, der bewährte Kamerad vieler Expeditionen, wieder dabei. Volkmar Weiß und Michi dagegen erleben die Arktis zum erstenmal. Volkmar ist 25 Jahre alt. Mit der Figur eines Zehnkämpfers und der Gelassenheit eines buddhistischen Mönchs ist er ein idealer Part-

Unsere Mannschaft mit Terry Jesudason (2. v.l.) vor dem High Arctic Center in Resolute. Rechts von ihr mein Sohn Michi, daneben Volkmar Weiß und Mike Hierl.
Terry und ihr Mann Bezal haben sich durch die Betreuung vieler Arktis-Expeditionen einen Namen gemacht. Sie organisieren Spezial-Flüge ins Eis, lösen logistische Probleme und stehen mit den meisten Expeditionen in Funkkontakt.
Zwei riesige Unterkiefer-Knochen eines Wals zieren die Front ihres Hauses.

ner. Michi, mit 20 Jahren der Jüngste im Team, war noch nie auf Expedition. Als begeisterter Sportkletterer und Wildwasserfahrer bringt er jedoch gute Voraussetzungen mit.

Im *High Arctic Center* werden wir von Bezals Frau, Terry, bestens versorgt. Doch in uns kommt Ungeduld auf, denn die Zeit des arktischen Sommers ist kurz.

Das nächste Sturmtief ist von Nordwesten angekündigt, aus der entgegengesetzten Richtung; zwangsläufig müßte sich dadurch Windstille ergeben. Ein Tag würde uns für die erste Querung reichen. Noch am Abend fährt Bezal unsere Kajaks an den Strand. Nebel jagt über die Resolute Bay. Ein Wetter, bei dem man sich am liebsten hinter dem Ofen verkriechen möchte. Den Spaniern ist die Wetterlage nicht geheuer. Sie beschließen weiter zu warten. Der Sturm hat spürbar nachgelassen. Wir wissen, das ist unsere Chance. Ein letztes Händeschütteln. In Bezals Stimme schwingt Sorge. Es könnte ein Abschied für immer sein. Es braucht nicht viel, um in dieser unendlichen Wildnis verloren zu gehen. Generationen von Arktisfahrern zogen hinaus und verschwanden. Sie waren weitaus besser ausgerüstet als wir.

Hinter einem schmalen Eiswall haben wir offene See. Vereinzelt treiben Eisschollen vor dem Wind. Das Meer »atmet« wie ein urweltliches Lebewesen, hebt und senkt unsere Kajaks im Rythmus seines Herzschlags. Welch abrupter Wechsel! Aus der warmen Geborgenheit des *High Arctic Center* plötzlich in einer Nußschale dem Eismeer ausgesetzt. Während ich in die Grenzenlosigkeit hineinpaddle, steigt eine eigenartige Empfindung in mir auf. Ich fühle mich wie ein Taucher, der nicht weiß, ob sein Vorrat an Atemluft ausreicht, die tödliche Tiefe wieder zu verlassen.

Vom ersten Paddelschlag an begleitet mich das Gefühl der Verletzlichkeit. Liegt es daran, daß nichts Trennendes zwischen mir und den Elementen besteht? Das Kajak wird zu einem Teil meines Körpers, mit dem ich fühle. Resolute, die letzte Spur menschlicher Zivilisation entschwindet im Nebel.

Aufgrund der Sturmwarnung paddeln wir nicht auf dem kürzesten Weg nach Somerset Island, nehmen lieber über Griffith Island 15 Kilometer Umweg in Kauf. Denn sollte der Sturm eher eintreffen, können wir dort bessere

Vom ersten Paddelschlag an begleitet uns ein Gefühl der Schutzlosigkeit. Intensiver als mit einem Kajak kann man eine Eismeerfahrt wohl nicht erleben. Wir kennen zwar den Weg der Passage, den die Entdecker jahrhundertelang vergeblich suchten, aber unsere »Verletzlichkeit« ist in den zerbrechlichen Kajaks unvergleichlich größer.

Mancher Sprung endet im Eismeer. Mit Schrekken wird uns bewußt, daß wir unter diesen Umständen unser Ziel niemals erreichen können. Wir stehen vor einem fast unlösbaren Problem, denn der Rückzug nach Resolute ist aussichtslos. In vierzehn äußerst harten Stunden kämpfen wir uns wieder zurück zur Küste von Somerset Island.

Bedingungen abwarten. Nach vier Stunden landen wir auf der Südseite der düsteren, felsigen Insel. Lange schon habe ich mich danach gesehnt, wieder eine Nacht im Freien zu verbringen. Die Helligkeit der Polarnacht dringt durch das Zelt und läßt mich nicht schlafen. Erst Mitte August geht die Sonne wieder unter. Ich werde mir in Zukunft einen Schal über die Augen binden.

Während wir am Morgen die Kajaks ins Wasser schieben, dreht der Wind. Genau wie vorhergesagt auf Nordwest. Glücklicherweise weht nur eine leichte Brise und schiebt uns munter Somerset Island entgegen. Die Berge hinter Cape Anne kommen näher und näher.

Nach einigen Stunden vertreten wir uns auf einer Scholle die Beine und essen einen Bissen. Da klart es auf. In der Atmosphäre bildet sich plötzlich ein »Eisbogen«. Einem Regenbogen ähnlich, steht er als leuchtender, aber farbloser Torbogen am Himmel.

20 Kilometer vor Cape Anne zwingt uns dichtes Treibeis zur Kursänderung. Offenes Wasser blinkt nur noch im Osten. In einer ständigen Slalomfahrt zwischen Eisschollen versuchen wir trotzdem der Küste näher zu kommen. Vergeblich! Wenn sich irgendwo ein Durchschlupf auftut, dann immer nur ostwärts. Wenig später sind wir ringsum vom Treibeis eingeschlossen und driften mit der Masse des Eises unaufhaltsam nach Osten. Sollte jetzt Sturm aufkommen und alles übereinander werfen, wären wir rettungslos verloren. Instinktiv spürt jeder die Gefahr. Selbst Volkmar und Michi, die eine solche Situation zum erstenmal erleben. Wir müssen schnell-

stens auf Festeis! Oder sollen wir umkehren – zurück nach Resolute? Das hieße am zweiten Tag schon aufgeben. – Niemals!

1989, bei der ersten Etappe, standen wir manchmal vor einem ähnlichen Problem. Damals fanden wir wenigstens immer eine Möglichkeit auszuweichen. Mit riesigen Umwegen zwar, aber immerhin kamen wir weiter. Hier dagegen ist das ganze ein einziger Mahlstrom von Eis. Ausweglos und unüberwindlich, wie es scheint. Dieser Tag in der Barrow Strait zeigt uns schonungslos, was uns noch erwartet.

Wer die Arktis-Literatur liest, mag manche Schilderung für übertrieben halten. Das kann für Nebensächlichkeiten durchaus zutreffen, wenn beispielsweise von riesigen Eisbergen im Peel Sound oder Prince Regent Inlet berichtet wird, die es dort gar nicht gibt, weil keine Gletscher ins Meer kalben. Was dagegen die Dramatik des Eises betrifft, ist es nicht möglich zu übertreiben.

Mit dem Kajak im Schlepp springen wir von Scholle zu Scholle. Unsere Boote, die vorhin noch spielend leicht dahinglitten, sind mit einem Mal schwer als wären sie aus Beton. Wenn wir sie mit ihrer Ladung von rund 100 Kilogramm über eine Eiskante hebeln, knirscht das Polyester bedenklich. Unendlich langsam kommen wir vorwärts. Beim Aufsprung taucht manche Scholle unter, oder beginnt sich zu drehen. Erreicht man nicht sofort eine andere Scholle, liegt man unweigerlich im Eiswasser.

Endlich stehen wir auf festem Eis. Es sieht nicht übel aus, halbwegs eben, von tausend Pfützen durchsetzt. Froh darüber, richtig zie-

Nach Stunden anstrengenden Paddelns vertreten wir uns auf einer Scholle die Beine. In der Atmosphäre hat sich ein Eisbogen gebildet. Er ist einem Regenbogen vergleichbar, nur daß dabei Eiskristalle statt Wassertröpfchen das Sonnenlicht brechen und reflektieren.

Wie ein Schwamm hat der Schnee in der warmen Mittagssonne das Schmelzwasser aufgesogen. Die Kajaks kleben förmlich fest, jeder Schritt kostet doppelte Kraft.

hen zu können, legen wir uns ins Geschirr. Nur – die Kajaks bewegen sich nicht von der Stelle, liegen wie angeklebt. Erst als wir uns mit Gewalt ins Zugseil werfen, kommen sie träge in Fahrt. Der mit Schmelzwasser vollgesogene Schnee bremst brutal. Unsere Kajaks haben sich in zwei arktischen Sommern einige Schrammen geholt, das bekommen wir jetzt gnadenlos zu spüren. Der Schweiß rinnt in Strömen, brennt in den Augen. Ich habe manchmal das Gefühl, waagrecht im Brustgeschirr zu hängen. Dieser verdammte Schneesumpf. Was würden wir jetzt für minus 10 Grad geben. In der Erschöpfung stumpfen alle Sinne ab. Das Gehirn – funktioniert es überhaupt noch? – schaltet auf Muli-Mentalität. Unter dem Brustgeschirr hechelt der Atem, der Puls rast im wilden Stakkato, nur weiter – auf dem rissigen Eis ist keine Bleibe. Wir nutzen selbst Pfützen zum Paddeln, das bringt ein paar Meter Erleichterung. Häufig sind sie jedoch nicht tief genug, dann stochern und schieben wir mit bloßen Händen.

Und immer wieder müssen wir aus den Kajaks. Der Eispickel gibt uns beim Aussteigen etwas Halt. Er wird bald zum wichtigsten Teil der Ausrüstung. Ich drehe ein paar Filmszenen. Sie kosten Überwindung, Zeit und Nerven. Die Freunde drängen, wollen so schnell wie möglich aus dem Gefahrenbereich. Bis ich die Kamera eingepackt habe, sind sie schon weit voraus.

Das Schmelzwasser, vom vorherrschenden Nordwind in eine Richtung getrieben, hat lange, flußartige Kanäle gebildet. Auf ihnen können wir einige Kilometer paddeln. Die Enttäuschung ist jedesmal groß, wenn sie enden.

Windstille und der tiefe Stand der Mitternachtssonne haben einen unglaublichen Temperatursturz zur Folge. Das Thermometer zeigt nahe 20 Grad minus. Sofort gleiten die Kajaks leichter. Dafür macht uns jetzt Nebel zu schaffen. Schemenhaft taucht eine Eisverwerfung vor uns auf. Nach siebzehn Stunden sind wir zu erschöpft, um es mit diesem Hindernis aufzunehmen. Wir sollten die Zelte aufbauen. Das Eis unter uns vibriert, wir spüren seine Bewegung. Was für ein Wahnsinn, hier, wo sich jeden Moment eine Spalte öffnen kann, zu lagern. Das Brennen der Muskeln, die zerschundenen Hände und die Kälte, die unaufhaltsam in die schweißnasse Kleidung kriecht, verdrängen alle Argumente der Vorsicht.

Im Zelt ist es wohlig warm – unglaublich, wieviel Zufriedenheit ein Teller heißer Suppe und ein voller Magen vermitteln. Noch mit dem Löffel in der Hand fallen uns die Augen zu.

Das Geräusch berstenden Eises schreckt uns hoch. Es dauert einige Zeit, bis wir es schlaftrunken realisieren. Hinter unseren Zelten ist die Hölle los. Gebannt schauen wir aufs Eis und sehen, wie sich im Zeitlupentempo ein breiter Riß auftut. Etwas benommen nach nur vier Stunden Schlaf, schlingen wir hastig unser Müsli hinunter.

Während wir in größter Eile die Zelte abbauen, reißt das Eis buchstäblich unter unseren Füßen. Wasser pulsiert. Zwei weitere Spalten tun sich auf. Aus ihnen werden in Minuten meterbreite Rinnen. Wir könnten die Boote einsetzen? Was aber, wenn sich die Rinnen schließen, ehe wir sie wieder auf dem Eis haben?

Wir entscheiden uns für das Wasser. Aber wir kommen leider nicht weit, da beginnt die gleiche Tortur wie gestern. Immer wieder aus den Kajaks, über Schollen ziehen und springen und ständig in Gefahr, im Eis eingeklemmt zu werden! Mike spricht aus, was sich jeder von uns denkt: »Wenn uns einer so sehen könnte, würde er uns für komplette Idioten halten.«

Waren nicht alle Arktisfahrer, die sich in diese Grenzbereiche wagten, irgendwie verrückt? Sie hatten wenigstens ein Motiv – Ruhm – Reichtum. Wir dagegen sind einzig aus Freude gekommen, neugierig angelockt von dem was

Bereits in den ersten Tagen erleben wir alle Höhen und Tiefen einer Eismeerfahrt: Die Faszination des intensiven Lichts und den Schrekken des ausweglosen Gefangenseins im Packeis.

Links oben: Bald wird der Eispickel zum wichtigsten Gerät: Immer wieder müssen wir aus den Kajaks.

Wir haben den heimtückischen Treibeisgürtel überwunden. Kompaktes Eis gibt uns wieder mehr Sicherheit. Während der Schneeschmelze haben sich große Pfützen gebildet.

sie berichteten. Momentan hat unser Tun wahrhaftig nichts mit Freude gemeinsam, da müßten wir schon Masochisten sein. Und doch sind wir glücklich!

Der niedrige Blickwinkel vom Kajak aus beschränkt das Gesichtsfeld extrem. Mehr unserem Instinkt folgend, suchen wir uns den Weg durch die Eiswüste. Mike hat dazu eine besondere Begabung. Höchst selten, daß er sich einmal »verfranzt«. Wie beneiden wir die Möwen, wenn sie mit leichtem Flügelschlag über uns hinwegsegeln. Uns muß ein kleiner Eishügel genügen, wollen wir uns besseren Überblick verschaffen.

Somerset Island scheint zum Greifen nahe, und zugleich schmerzhaft fern, denn die letzten 10 Kilometer zur Küste sind durch Eisverwerfungen blockiert. Als möchte die Insel jede fremde Annäherung verhindern, hat sie sich mit einem unüberwindlichen Eiswall umgeben. Nur die brachiale Gewalt eines Eisbrechers könnte ihn überwinden, oder die sensible Leichtigkeit eines Kajaks.

Nach endlosen Stunden im Kampf mit dem Packeis betreten wir mit einem Freudenschrei den Strand von Somerset Island. Uns ist, als hätten wir die ganze Passage bewältigt. Aber wir haben die Küste nicht einmal an der gewünschten Stelle erreicht. Die Eisdrift hat uns 50 Kilometer ostwärts bis Cape Rennell abgetrieben.

Ein sonnenwarmer Tag entschädigt uns für die Mühen der ersten Querung. Der braune Schotter absorbiert das Sonnenlicht, speichert wohltuende Wärme. Wir reißen uns die verschwitzten Klamotten vom Körper und lachen über den Gedanken, hier einen Liegestuhl-Verleih zu eröffnen. Streß hätten wir da wohl kaum zu befürchten.

Bei Volkmar und Michi hat das harte Stochern im Eis eine schmerzhafte Sehnenscheidenentzündung ausgelöst. Wenn sie die Finger bewegen, knirscht es im Unterarm wie in einer alten Steinmühle. Eisiger Lufthauch von Norden her beendet die kurze Lageridylle. Wir wandern ein Stück der vegetationslosen Küste entlang und schauen hinaus auf die Barrow Strait – einem Strom von Eis, der sich in der Unendlichkeit zu verlieren scheint.

Höchst riskant, hier wo sich jeden Moment eine Spalte öffnen kann, zu lagern. Das Eis ist ständig in Bewegung und driftet unaufhaltsam nach Osten.

BIG PACK
werndl

Somerset Island scheint zum Greifen nahe, aber Eisverwerfungen blockieren den Weg zur Küste. Wir erreichen die Insel leider nicht an der vorgesehenen Stelle. Während wir zogen und lagerten, sind wir mit dem Eis über 50 Kilometer nach Osten gedriftet.

Ein sonnenwarmer Tag entschädigt uns für die Mühen der ersten Querung. Durch das Stochern im harten Eis hat sich Volkmar eine schmerzhafte Sehnenscheidenentzündung zugezogen.
Leider ist die Lageridylle nicht von Dauer. Wenig später fegt schon wieder eisiger Wind über die Insel.

Vom Kajak aus ist die Sichtweite äußerst gering. Diese Froschperspektive macht es unmöglich, den besten Weg zu finden. Von einem höheren Standpunkt aus, versuchen wir uns einen besseren Überblick zu verschaffen. – Doch auch das ist nicht gerade ermutigend – Eis, soweit das Auge reicht!

Das Tor zur Nordwest-Passage

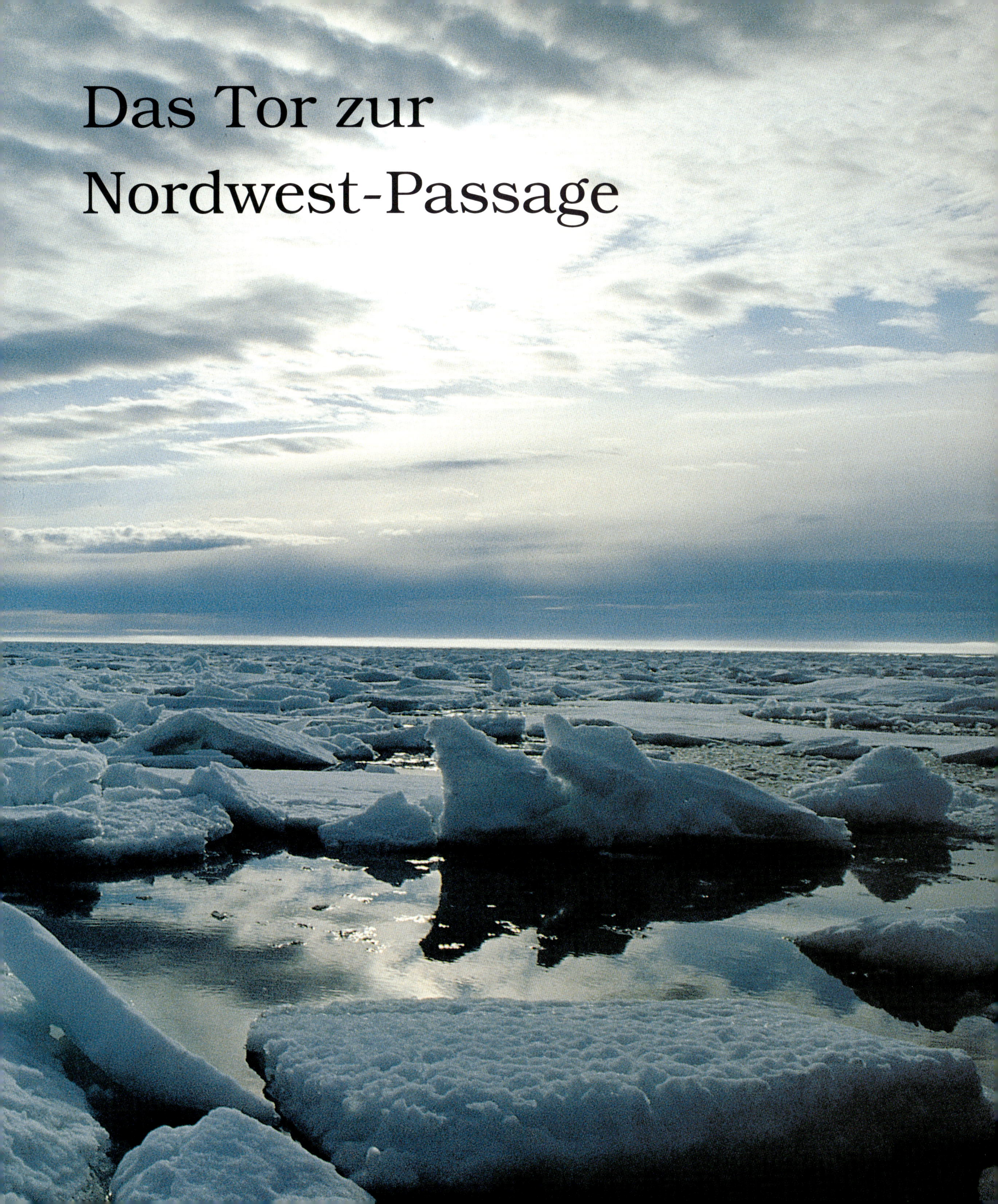

Sir William Edward Parry, Sohn eines englischen Arztes, hatte auf der Suche nach der Nordwest-Passage von 1818 bis 1825 an vier Expeditionen teilgenommen bzw. sie geführt.
Er war der erste, der durch den Lancaster Sound segelte, in der Arktis überwinterte und mit seinem Schiff den 110. Grad westlicher Länge oberhalb des Nördlichen Polarkreises passierte. Damit holte er sich den Preis von 5000 Pfund, den das Britische Parlament demjenigen Schiff zugesichert hatte, dem es gelingen würde, diese magische Grenze im Eismeer zu überschreiten.

Hier kamen sie alle einmal vorbei – auf der Suche nach der Nordwest-Passage. Edward Parry war 1819 der erste Europäer, der diese Küsten sah und der ihnen ihren Namen gab: Cornwallis Island – Somerset Island – Melville Island. »Bei ungewöhnlich günstigem Wetter«, segelte er mit seinen beiden Schiffen »Hecla«, einem Bombardierschiff von 375 Tonnen, und »Griper«, einem 180 Tonnen Kanonenboot, versehen mit Nahrungsmitteln für zwei Winter, in den Lancaster Sound.

1818 war John Ross bereits 90 Seemeilen in ihn eingedrungen. Eine Bergkette, der er den Namen »Crokers Mountains« gab, veranlaßte ihn jedoch umzukehren. Als Parry ein Jahr später diese Stelle passierte, sah er nur offenes Wasser – von Bergen keine Spur. John Ross war von einer Luftspiegelung getäuscht worden.

Im September 1824 war Parry wieder hier, überwinterte und segelte im darauffolgenden Sommer nach Süden ins Prince Regent Inlet. Dabei wurden seine Schiffe »Fury« und »Hecla« von Eisschollen auf Grund geschoben. Die stark beschädigte »Fury« kam nicht wieder frei und mußte aufgegeben werden.

Am 12. August 1829 ankerte John Ross mit seiner »Victory« vor der Küste von Somerset Island. Erstmals versuchte ein dampfgetriebenes Schiff den Kampf mit dem Packeis aufzunehmen. Doch auch die »Victory« wurde nach drei Wintern ein Opfer des Packeises. Die Zeit ist über alles hinweggegangen. Wie am ersten Schöpfungstag – leuchtend, unberührt – liegt das Eis vor uns.

Was ist aus all den Träumen geworden? Inmitten einer Arena, deren unbeteiligtes Schweigen gnadenlose innere Kälte ausstrahlt, finde ich mich als denkendes, fühlendes Wesen. Und mich berührt das Schicksal von Menschen, deren Spuren fast verweht sind. In Gedanken sehe ich Franklins Schiffe »Erebus« und »Terror« drüben auf Beechey Island überwintern, sehe wie sie 1846 an Somerset Island vorbeifahren und sich ihre Spur im Eis verliert.

1850 – eine ganze Flotte von Rettungsschiffen ist in der Barrow Strait versammelt. Ratlos – wo sollen sie die verschwundenen Männer suchen? 1852 ankert eine weitere Flotte, um die ergebnislose Suche nach Franklin fortzusetzen. Edward Belcher ist der Kommandant. Er hat ebensowenig Erfolg wie seine Vorgänger. Von der Bedrohung des Eises völlig entnervt, gibt er am 26. August 1853 vier seiner fünf Schiffe auf und kehrt nach England zurück. 675 000 Pfund Sterling und sechs Schiffe hat der Britischen Admiralität die Suche nach der verschollenen Franklin-Expedition gekostet. Sie ist nicht bereit, weitere Schiffe aufs Spiel zu setzen.

1858 – dreizehn Jahre nachdem Franklins Schiffe hier waren – erscheint die »Fox«, eine Jacht mit Hilfsmotor. Lady Jane Franklin hat sie mit Hilfe von Spenden und mit 20 000 Pfund Sterling ihres Privatvermögens organisiert. Das kleine Schiff mit nur 177 Tonnen, unter dem Kommandanten Mc Clintock, ist arg mitgenommen. Acht Monate trieb es, vom Packeis eingeschlossen, hilflos in der Baffin Bay. In den Peel Sound eingefahren, wird es von den Eismassen gezwungen wieder umzukehren. Mc Clintock versucht im Prince Regent Inlet nach Süden zu gelangen. Vergeblich! Am Westende der Bellot Strait, jener schmalen Meeresstraße, die Somerset Island vom nordamerikanischen Festland trennt, blockiert eine drei Seemeilen breite Eisbarriere abermals die Weiterfahrt. Mc Clintock überwintert und setzt im Frühjahr 1859 mit drei Schlitten-Teams die Suche nach Franklin fort.

Leutnant Hobson, einer seiner Leute, findet dann auf King William Island jenes bekannte Schriftstück der Franklin Mannschaft, das vom Tod ihres Kommandanten kündet, von der Aufgabe der Schiffe und vom Versuch der Überlebenden, zu Fuß das Festland zu erreichen. Nach jener erschütternden Nachricht und dem Fund von Ausrüstungsgegenständen, sowie Skeletten der Vermißten, erlischt das Interesse der Nationen an der Nordwest-Passage. Ihre Existenz ist bewiesen, aber ebenso die tödliche Gefahr, sie zu befahren.

Am 23. Mai 1829 startete die »Victory« in London auf der Themse. Ross berichtet darüber: »Die ›Victory‹ hatte bisher nur eine kurze Strecke auf der Themse zurückgelegt, jedoch so langsam, daß ich die schlimmsten Ahnungen hegte. ... Unsere Kessel leckten stark. Die Handpumpe, mit der das Wasser aus dem Kesselraum entfernt wurde, blieb ständig in Betrieb. ... Einer der Heizer wurde ohnmächtig, und ich mußte ihn an Deck bringen lassen, damit er wieder zu sich kam.«

In die Barrow Strait kehrt für Jahrzehnte Ruhe ein. Erst 1903 ist wieder ein Schiff zu sehen. Von einem 13 PS starken Petroleum-Motor angetrieben, und mit nur 21 Metern Länge, ist es wohl das kleinste Schiff, das sich bisher in diese Region vorgewagt hat. Immerhin führt es Proviant für vier Jahre mit. Ein unbekannter junger Norweger ist mit sechs Männern unterwegs, um seinen Jugendtraum, die Nordwest-Passage, zu verwirklichen. Ihm steht das Glück des Tüchtigen zur Seite. Im Peel Sound sind die Wind- und Eisverhältnisse günstig wie nie. Trotzdem läuft das Schiff im Sturm auf einen Unterwasserfelsen. Das Ende der Expedition scheint besiegelt. Erst als sie einen Teil der Ladung über Bord werfen, kommen sie frei. Nach drei Wintern im Eismeer erreichen sie den Pazific. Die Nordwest-Passage ist erstmals bezwungen. Alle Welt kennt plötzlich den Namen Roald Amundsen mit seiner »Gjøa«.

Brendan Lehane schreibt in seinem Buch *Die Nordwestpassage*:

»Hinter seinem Erfolg standen die Qualen und Leiden, das Heldentum und die Verbissenheit vieler Generationen von Forschern, in erster Linie Briten, deren Scheitern das Fundament für seinen Triumpf gelegt hatte. Amundsens Tat beendete eine 400jährige Suche, die letzten Endes keinerlei materiellen Wert besaß. Dennoch schlug die Arktis alle in ihren Bann, die sie gesehen hatten – und sie tut es noch heute. Die Winde heulen noch immer, die Wellen gehen noch immer so hoch wie zu Frobishers und Hudsons Zeiten. Das Eis türmt sich noch immer zu furchteinflößenden Gebirgen. Und noch immer zieht die Arktis Seefahrer an – auf Walfängern, Forschungsschiffen, Unterseebooten. Obwohl die Arktis dem Menschen gestattete, sein lang erstrebtes Ziel zu erreichen, gab sie nichts preis. Sie bleibt eine überwältigende Vision, so unfaßbar und geheimnisvoll wie zu jener Zeit, als sie den Schlüssel zu den unermeßlichen Schätzen des Fernen Ostens in ihrer eisigen Hand zu halten schien.«

Schönheit und Schrecken der Arktis

Wir paddeln nach Westen. Die Strecke, die wir vom Kurs abgekommen sind, müssen wir wieder zurück. Zusammengerechnet also 100 Kilometer Umweg. Glücklicherweise kommen wir gut voran. Vor der Küste liegt das Eis aufgelokkert, behindert uns kaum. Es ist einer jener Traumtage, die uns in ihrer aufpeitschenden Lichtfülle fast um den Verstand bringen. Mit Worten ist so ein Tag, an dem die Seele abheben möchte, nicht zu beschreiben. Michi findet dafür den einzig treffenden Ausdruck: Wahnsinn!

Da ist ein Himmel, so stahlblau und überirdisch gläsern, daß man glaubt, in die Tiefen des kosmischen Raumes hinauszutreten. Unter den hämmernden Strahlen einer allgegenwärtigen Sonne sprüht förmlich alles von Licht. Unzählige kleine Sonnen tanzen auf der leicht gekräuselten See. Unsere Kajaks ziehen lange Milchstraßen-Bahnen. Und das Wasser, das wir für einen flüchtigen Augenblick mit dem Paddel heben, fällt wie eine brennende Garbe zurück in einen Ozean von Licht. Vom Zauber des Augenblicks sprachlos, gleiten wir zwischen blaugrün schimmernden Eis-Skulpturen dahin. Helle, geisterhafte Schatten lösen sich aus der Tiefe, nehmen Form und Gestalt an und schweben unter unseren Kajaks. Ohne Scheu, als wären wir ihresgleichen, begleiten uns sechs Beluga Wale. Sie sind ein wenig länger als unsere Boote und kommen so nahe, daß wir ihre makellos weiße Haut beinahe mit der Hand berühren können. Das sind Momente, in denen wir uns nicht wie Eindringlinge vorkommen. Wir fühlen uns angenommen, mit allem zutiefst verbunden.

Die langsame Fortbewegung im Kajak läßt für alles Zeit. Empfindungen, Gefühle brauchen Zeit, um sich in der bewußten Ebene unseres Denkens auszubreiten. Unendliche Ruhe und Gelassenheit geht von dieser Landschaft aus. Ein Hauch von Ewigkeit berührt die zappelige Seele. Haben wir nicht in unserem Streben nach Fortschritt die Orientierung verloren, messen alles mit der kurzen Zeitspanne unseres Lebens? Immer schneller – um jeden Preis! Trugbilder!

Sogar die Arktis ist nicht frei von Trugbildern. Einem breiten Gletscherabbruch ähnlich, hat sich vor uns eine Eismauer aufgebaut. Mit etwas Phantasie könnte man sie für eine Wolkenkratzer-Silhouette halten. Lotrechte Linien bestimmen die Struktur. Es ist eine Luftspiegelung, wie sie manchmal bei klarem Wetter auftritt. Kaum ein Arktisfahrer, der nicht von ihr genarrt worden wäre.

Eisiger Wind holt uns in die rauhe Wirklichkeit zurück, fegt die Eis-Morgana vom Horizont. Obwohl immer noch keine Wolke das Blau des Himmels trübt, weht es stärker und stärker. Wir ducken den Oberkörper tief auf das Verdeck und paddeln mit zusammengekniffenen Augen gegen die aufkommenden Wellen. Noch immer sprühen Lichtgarben, wenn sich der Bug in einen Brecher bohrt. Aber die nachfolgende Eisdusche spült rücksichtslos alle erhebenden Gedanken in die See.

Vom Sturm gefangen sitzen wir drei Tage im Cunningham Inlet fest. Die flache Bucht bietet gegen den Nordwind wenig Schutz. Ausgesetzt, wie auf einem Bergesgipfel, findet sich nirgendwo eine Zuflucht vor dieser Geißel der Arktis. Einer der Gründe, weshalb früher die Inuit ihre Behausungen in den Boden gegraben haben.

Die Arktis ist ein Land der unverwischten Spuren. Kein Bewuchs hat sich über sie gebreitet. Ein Stein – vor hundert Jahren umgedreht – hebt sich mit seiner hellen Seite deutlich vom übrigen Schotter ab. Kreisrunde Moosmale im nährstoffarmen Boden zeugen von Fleischdepots der Inuit-Jäger oder markieren Stellen, an denen einmal ein Tier verendete. Die Wege an den Jagdlagern, vor tausend Jahren begangen, sind an den Steinen, die unter dem Druck der Schritte ihre Lage geringfügig verändert haben, deutlich erkennbar. Es zeigt, wie verletzlich, wie sensibel dieses Land ist.

Wir steigen die Küstenberge hoch. Deutlich sind an den schmalen Absätzen die ehemaligen Küstenlinien zu sehen. Kleine Muschelschalen liegen im Gestein, als hätte das Meer sie erst gestern angeschwemmt. Selbst auf den flachen, dreihundert Meter hohen Gipfeln finden wir noch Muscheln. Sie zeigen deutlich, daß sich die Insel erst nach der letzten Eiszeit mit dem abnehmenden Eisdruck aus dem Meer erhob.

Nach drei Tagen läßt der Sturm nach. Seine Gewalt hat riesige Schollen an Land geworfen und die Küste wild zerfurcht.

Amundsen berichtet von einem schmalen, offenen Streifen vor der Küste, der ihn mit seiner flachen »Gjøa« immer wieder weiterkom-

men ließ. Wir wären schon für zehn Zentimeter Wassertiefe dankbar. Verbissen arbeiten wir uns vorwärts, heben und schieben die Kajaks über unzählige Platten. Nahe dem Land fühlen wir uns weniger bedroht als draußen. Aber das ist der einzige Unterschied. Die Schinderei ist dieselbe.

Der extrem flache, sandige Strand vor Cape Anne bringt endlich Erlösung – offenes Wasser! Es ist nicht tiefer als handbreit. Immerhin ist es Wasser. Sofort kommt Optimismus auf, obwohl wir gelegentlich im Sand festsitzen.

Wie eine Geisterburg taucht hinter wehenden Nebelfahnen die kleine Insel Limestone auf. Nach vierzehn Stunden verspürt keiner mehr Lust weiterzupaddeln. Wir haben immerhin 45 Kilometer zurückgelegt.

Während wir die Zelte aufbauen, erleben wir eine faszinierende Verwandlung. Die Nebel um die Geisterburg senken sich allmählich, umfließen in einer wallenden Brandung den düsteren Fels. Dieser erhebt sich wie ein gigantischer Schiffsbug in den Himmel, während die ziehenden Nebelstreifen die perfekte Illusion vermitteln, daß er das Eismeer durchpflügt.

Wieder hält uns der Sturm zwei Tage gefangen. Aus unserer kleinen Bucht ist fast alles Eis verschwunden. Über die letzten Schollen fliegt Brandungsgischt. Vom nahen Berg aus bekommen wir die Realität eiskalt serviert: Das Wasser in der Bucht vor unseren Zelten ist nur eine winzige Oase in einem unüberschaubaren Meer von Eis. Deutlicher hätte uns niemand das Unmögliche unseres Vorhabens vor Augen führen können. Dort unten – das ist die Nordwest-Passage, in ihrer kompromißlosen Brutalität.

Luftspiegelungen haben schon viele Arktisfahrer getäuscht. Die Barriere mit senkrechten Linien ist nicht real. Es handelt sich nur um lose dahintreibendes Eis, das hochreflektiert wird. Normalerweise tritt diese Art von Spiegelung nur bei klarem Wetter auf; sie ist an den senkrechten Linien leicht zu erkennen.

In den Buchten von Somerset Island entdecken wir zahlreiche Spuren früherer Besiedelung, und überraschend viele Walknochen. Die großen Grönlandwale, von welchen dieser Knochen stammt, sind nahezu ausgerottet, verschwunden wie die Inuit, deren Lebensgrundlage sie einmal waren.

Mein Gehirn rebelliert dagegen, will dieses Bild nicht akzeptieren. Es paßt nicht in den Rahmen der Vorstellung. Das Auge tastet über die Struktur endlos aufgeworfener Schollen, bis es sich verwirrt und ratlos am Saum des Horizonts findet. Die Erde, besteht sie nur noch aus Eis? Es muß doch einen Weg – einen Ausweg geben! Wenn wir erst einmal im Peel Sound sind, wird es bestimmt besser.

Mit dem Ende des Sturms öffnen sich vor der Küste ein paar »Hoffnungsrinnen«. Sofort brechen wir auf, wir wollen die geringste Chance wahrnehmen, weiterzukommen.

Gibt es doch einen Weg? Kilometer um Kilometer zwängen wir uns durch die Schollen. Am Pressure Point hat der Nordwind ein Gebirge von Eis aufgetürmt. Wir stehen vor der Wahl, die Kajaks darüber hinwegzuschleppen oder es zu umgehen. Eines ist so mühsam wie das andere. Total verausgabt schlagen wir nach 14 Stunden das Lager auf. Wir haben nur 16 Kilometer zurückgelegt und sind erst an der Aston Bay.

Zeltstunden – unsere Tagesgedanken fixieren sich immer mehr auf die Zeit, in der der Kocher schnurrt und das gefriergetrocknete Menü duftet. Ist heute nicht Sonntag? Richtig, da gibt es Nachtisch. Wie wäre es mit Schoko-Mousse? Hinter dem papierdünnen Stoff ist mit einem Mal die kalte, feindliche Welt draußen vergessen.

Die Windknechte fallen ein, rütteln wütend an unseren Zelten. Uns können sie nicht mehr überraschen. Aus Erfahrung vorsichtig geworden, verankern wir die Zelte selbst bei bestem Wetter mit acht zusätzlichen Sturmverspannungen. Beruhigt zieht jeder den Schlafsack über die Ohren. Draußen kommt das Eis in Bewegung. Trotz des Zeltgeflatters ist das dumpfe Mahlgeräusch der Schollen hörbar. Allein die Vorstellung, jetzt mit dem Kajak dazwischen zu sein, jagt mir eisigen Schauer über den Rücken. Ich muß diesen Gedanken verdrängen. Es darf einfach nicht passieren!

Am Morgen weht der Wind noch mit Stärke 5. Schweigsam kauen wir an unserem Müsli. Jeder hängt seinen Gedanken nach. Erste innere Zweifel melden sich. Noch spricht sie keiner aus. Wir sind ja erst sechs Tage unterwegs. Aber eines ist uns klar, die Eisverhältnisse sind katastrophal. Wenn wir weiter so langsam vorwärtskommen, werden wir Taloyoak vor dem Winter nicht erreichen. Noch haben wir knapp 600 Kilometer zu bewältigen. Und heute hängen wir wieder fest. Der Eisgang würde uns in wenigen Minuten zermalmen.

Die Tage der Zwangsrast zerren an unseren Nerven. Dabei sind gerade sie eine große Bereicherung unseres Trips. Auf unseren Wanderungen in die Aston Bay entdecken wir zahlreiche Erdgruben-Behausungen. Die ältesten Eskimo-Artefakte, die man fand, haben Wissenschaftler auf 4000 Jahre datiert. Man nimmt an, daß die Eskimos die grundlegenden Erfindungen, vor allem die des Fellbootes, das ihnen die Nutzung des Eismeeres gestattete, von Asien mit in die Arktis gebracht haben.

Um die Fragmente der Erdgrubenhäuser liegen jahrhundertmürbe Walknochen. Viele von ihnen sind mit Flechten bedeckt, halb in den kiesigen Boden »hineingewachsen«. Es sieht wie ein Wal-Friedhof aus. In die Grundmauern der Häuser sind vereinzelt Wirbelknochen eingefügt. Aus der Lage der meterlangen Rippen ist deutlich ersichtlich, daß sie einmal tragende Teile des Daches waren. Von der Größe der Knochen können wir gut auf die Größe der Wale schließen: fünfzehn bis zwanzig Meter lang schätzen wir. Wieviel Mut und Geschicklichkeit müssen diese Jäger besessen haben, derart riesige Tiere zu erlegen. Mein Respekt und meine Bewunderung gilt den intelligenten Überlebenskünstlern im Eis.

Kreisförmig ausgelegte Steine lassen Sommerlager jüngeren Datums erkennen. Nach

Links oben: Die Küsten der arktischen Inseln weisen kaum Bewuchs auf. Organisches Leben zeigt sich höchstens in Form von Flechten, die manchmal in geheimnisvollen Ornamenten den toten Fels zieren. Flechten, eine Lebensgemeinschaft von Pilzen und Algen, wachsen im hohen Norden nur etwa 4 Millimeter pro Jahrhundert. Wissenschaftler nehmen an, daß manche Exemplare knapp 10000 Jahre alt sind. Bei den meisten Flechten ist nur die Randzone lebendig.

Rechts oben: Steinbrechgewächse krallen sich in den Sand. Pinkfarben blühende Arten trifft man häufig, gelbe dagegen selten.

Links unten: Ein »Baum«, der sich bis in die Hocharktis vorgewagt hat. Die Zwergweide stellt im Schutze eines Steins ihre blühenden Kätzchen auf.

Rechts unten: Moospolster signalisieren Stellen, an denen Wasser aus dem Boden kommt. Sie bilden sich aber auch dort, wo einmal ein Tier verendete oder Fleisch lagerte.

den Flechten zu urteilen, die sich auf der windabgewandten Seite gebildet haben, müßten sie länger als fünfzig Jahre so liegen.

Mike entdeckt etwas abseits zwei abgeflachte, gebogene Knochen. Einer ist ca. 80 Zentimeter lang, der andere einen Meter. In der Mitte haben beide fünf Bohrungen, von denen man sich vorstellen könnte, daß sie einmal zum Festbinden eines Schuhes benutzt wurden. Wir rätseln, ob diese Knochen nicht vielleicht als Skier verwendet wurden?

Drei Tage wandern wir in der steinigen Öde umher. Immer gibt es etwas zu sehen. Die windgepeitschten Küsten der arktischen Inseln weisen kaum Bewuchs auf. Organisches Leben zeigt sich höchstens in Form von Flechten. In großen, geheimnisvollen Ornamenten zieren sie den toten Fels. Steinbrechgewächse krallen sich in Sandmulden, strecken mutig ihre kleinen, pinkfarbenen Blüten in den Wind. Im Schutz eines Steines stellt eine Zwergweide ihre blühenden Kätzchen auf. Ihr Geäst spannt sich wie eine Wurzel flach auf dem Boden aus. Wäre nicht der Zeitdruck, den uns der kurze arktische Sommer aufzwingt, könnten wir uns keine interessanteren Tage wünschen.

Der Wind hat Regenwolken gebracht. Während Mike, Volkmar und Michi noch einmal wandern, ordne ich im Zelt meine Filmausrüstung. Da beginnt es zu regnen. Neben dem Zelt knirscht Kies wie unter Schritten, lautes Atmen ist zu vernehmen. Ich rufe einen Namen, weil ich glaube, einer der Freunde sei zurückgelaufen, um Regenbekleidung zu holen. Auf meinen Ruf folgt keine Antwort. Ich höre nur neuerliches Atmen. Mir wird schlagartig klar: Das muß ein Bär sein!

Langsam öffne ich mit einer Hand das Zelt und taste währenddessen mit der anderen nach den Signalraketen. Tatsächlich, draußen stehen gleich zwei Bären und beschnuppern Mike und Michis Zelt. Auf meinen Anruf hin weichen sie ein paar Schritte zurück und bleiben dann neugierig stehen. Das sieht zwar sehr friedlich aus, doch vorsorglich schieße ich eine Signalrakete ab. Daraufhin traben sie ohne Hast fort. Was für ein Glück, daß es nur eine Bärin mit ihrem fast erwachsenen Jungen war. Mit einem der riesigen Einzelgänger wäre die Begegnung kaum so glimpflich verlaufen. Noch dazu, da das Gewehr im anderen Zelt lag. Gut, daß ich beim Lager geblieben bin. Die Bären

hätten mit Sicherheit unseren Proviant geplündert und die Zelte zerrissen.

Nach drei Tagen dreht der Wind endlich auf Ost. Dadurch beginnt sich das Eis in der Aston Bay aufzulockern. Obwohl es kurz vor Mitternacht ist, brechen wir sofort das Lager ab. Durch die vierundzwanzig Stunden Helligkeit des arktischen Sommers sind wir an keine Tageszeit gebunden. Im chaotischen Gewirr der Schollen suchen wir einen Weg über die Bucht. Oft erscheint es aussichtslos, weiterzukom-

Dramatik des Augenblicks: Sturm kündigt sich an. Kampf der dunklen und der hellen Mächte im Licht der Mitternachtssonne.

Links u. oben: In manchen Jahren ist das Eis im Peel Sound so stark, daß es selbst für einen Eisbrecher kein Durchkommen gibt.

Entgegen früheren Schilderungen, die von zahlreichen Robben, Walrossen und Walen berichten, begegnen wir nur selten einem Lebewesen.

men, aber irgendwie gelingt es uns jedesmal, eine Lücke zu finden. Verloren im Eis, späht neugierig eine Bartrobbe nach unseren Kajaks. Sie läßt uns ganz nahe an sich heran und gleitet erst im letzten Moment ins Wasser.

Vor Cape Granite erleben wir eine böse Überraschung. Nichtsahnend paddeln wir in das Treibeis, das sich vor dem Cape zu stauen beginnt. Ehe wir bemerken, daß dort in einem riesigen Wirbel der Gezeitenströmung das Eis rotiert, ist es schon zu spät. Vor mir wird Michis Kajak von zwei Schollen erfaßt. Mit einem verzweifelten Ruck kann er in letzter Sekunde seinen Körper aus der ärgsten Gefahrenzone bringen. Zu mehr reicht es leider nicht. Wie eine Hydraulik hat das Eis das Heck seines Kajaks in der Zange und preßt es langsam aber unerbittlich zusammen. Polyester splittert. Jetzt ist alles aus!

Eine wilde Flut von Gedanken durchjagt meinen Kopf. Angst um Michis Leben. Wird das Eis auch ihn zerdrücken? Mit der Kraft der Verzweiflung stemmen Volkmar und ich uns gegen die teuflische Scholle, dabei selbst in Gefahr, eingeklemmt zu werden. Irgendwie können wir sie so weit abdrängen, daß sich Michi befreien kann. Sofort retten wir uns auf eine Eisplatte und atmen erst einmal tief durch. – Um ein Haar hätte das Treibeis Michis Becken oder Beine zerquetscht. Gott sei Dank ist er heil, nur sein Kajak sieht böse aus. Mit dem kleinen Gasbrenner, den wir neben dem Reparaturmaterial stets griffbereit haben, lassen sich die Risse so weit trocknen, daß wir sie mit Klebeband provisorisch abdichten können.

Größtenteils scheint nur die Deckschicht abgeplatzt zu sein. Das flexible, tragende Material hat dem Druck nachgegeben und wurde lediglich eingeknickt, nicht gebrochen.

Obwohl uns der Schrecken noch in den Gliedern sitzt, versuchen wir um das Cape zu paddeln. Erst jetzt nehmen wir das Ausmaß des Eiswirbels richtig wahr. Wir müssen einsehen, daß Weiterfahren Selbstmord gewesen wäre. Mike, der sich zu weit vorgewagt hat, kann mit einem Reflexschlag gerade noch stoppen, ehe vor ihm zwei Eisschollen aneinanderkrachen.

Wir sind höchstens dreihundert Meter von der Küste entfernt, brauchen aber eine Stunde, um über die verworfenen, gestrandeten Eisplatten an Land zu gelangen.

Drohend, Weltuntergangsstimmung verbreitend, steigt eine pechschwarze Wolkenwand hoch. Als könnte sie das Unheil abwenden, wirft die Mitternachtssonne ihre gebündelten Lichtspeere dagegen, schafft eine Szenerie von ungeheurer Dramatik. Von der Stimmung des Augenblicks überwältigt, schauen wir hinaus. Wer kann die Arktis begreifen? Vorhin hätte sie uns beinahe umgebracht und jetzt schenkt sie uns eines ihrer unvergeßlichen Bilder.

Hinter uns haben sich die spärlichen Wasserrinnen wieder geschlossen. Der Rückzug nach Resolute ist unmöglich geworden. Das einzige, was wir tun können, ist wandern und schlafen.

Neugierig späht eine Bartrobbe nach unseren Kajaks. Sie läßt uns ganz nahe an sich herankommen und gleitet erst im letzten Moment ins Wasser.

TREVIRA

Gefangen im Eis

Tagelang warten wir am Cape Granite im Sturm. Als er sich legt, beginnt es zu schneien. Kündigt sich jetzt schon der Winter an?

Rechts: Bei der Erkundung der Nordwest-Passage und auf der Suche nach der verschollenen Franklin-Expedition wurden zahlreiche Vorrats-Depots angelegt. Die meisten von ihnen sind heute noch gut erhalten.

Cape Granite beeindruckt mit meterhohen Steinquadern – eigenartig rotbrauner Granit mit großen Quarzkristallen durchsetzt.

Sowohl bei der Erkundung der Nordwest-Passage, als auch auf der Suche nach der verschollenen Franklin-Expedition wurden zahlreiche Vorrats-Depots angelegt. Auf unseren Wanderungen um das Cape entdecken wir eines dieser Depots. Zwischen Felsen wurde es mannshoch mit schweren Steinplatten errichtet.

In der Nacht hat es drei Zentimeter geschneit. Land und Meer sind kaum noch zu unterscheiden. Es weht nur ein leichter Wind. Leider von Nordwesten, so daß er die Eisblockade vor der Küste nicht lockert. Ein großer Eisbär wandert darüber; er bewegt sich völlig harmonisch und

mit einer unglaublichen Leichtigkeit über das Schollenchaos, das wir mit unseren Kajaks nur mit größter Kraftanstrengung durchquert haben. Dieses Land, wir fühlen es deutlich, ist nicht für Menschen geschaffen.

Nach vier Tagen tritt Windstille ein, und im Eis vor der Küste werden einige Rinnen sichtbar. Für uns sind sie sofort das Signal zum Aufbruch. Bis wir einbooten, haben wir einen nahezu eisfreien Uferstreifen. Mit leichter Windunterstützung legen wir in neun Stunden 60 Kilometer zurück.

Voller Optimismus steigen wir am nächsten Tag in die Kajaks. Wenn wir nur einen Meter Wassersaum an der Küste hätten, könnten wir unser Ziel noch vor dem Winter erreichen. Etwa eine Stunde kommen wir gut voran, dann steht das Eis wie eine Mauer. Nachdem im Westen

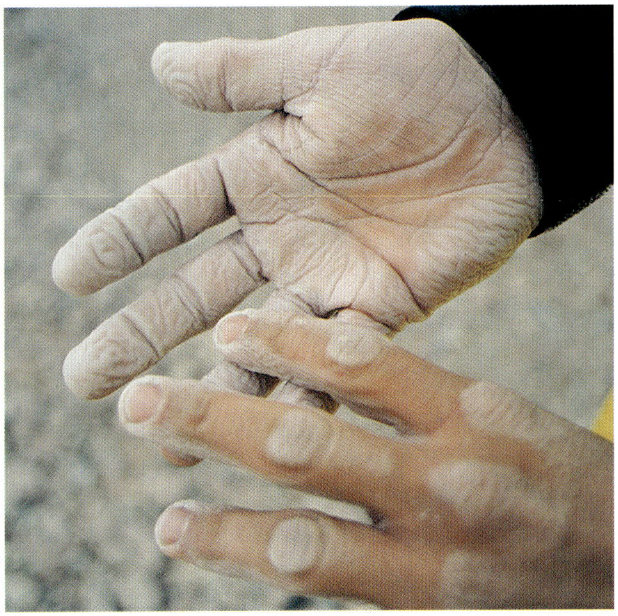

Nach 20 Kilometern sind die Wasserrinnen zu Ende. Hoffnungslos schließt uns die Eisdrift von Norden ein. Wir sitzen im Packeis fest.

Links: Aufgeweicht und angefroren: Weder Motoren noch Schlittenhunde nehmen uns die Arbeit ab. Unser einziger Antrieb sind unsere Muskeln und Hände.

noch offenes Wasser blinkt, ändern wir unseren Kurs um 90 Grad, in der Hoffnung, weiter draußen oder gar auf der Westseite des Peel Sounds, wieder nach Süden zu gelangen. Das Risiko ist hoch, doch was sollen wir machen. Nach gut 20 Kilometern sind die letzten Wasserrinnen zu Ende, und wir mit unserer Weisheit. Hoffnungslos schließt uns die Eisdrift von Norden ein. – Wir sitzen im Packeis fest.

In vierzehn knochenharten Stunden kämpfen wir uns wieder zurück zur Küste. Die große Passage – was bedeutet sie uns noch? Jetzt geht es einzig darum, lebend die steinige Küste von Somerset Island zu erreichen. Total erschöpft sinken wir bei Howe Harbour in den Schotter. Alle körperlichen Anstrengungen treffen uns weniger als die Tatsache, daß es unmöglich ist, weiterzukommen. Diese Mauer aus Frost und Einsamkeit können wir nicht überwinden.

Vier Tage beobachten wir das Eis, hoffen auf einen Schimmer offenen Wassers. Vergeblich. Sollen wir weiter warten? Wir haben noch Proviant für einen Monat! – Was aber, wenn wir immer noch festsitzen? Wir könnten den Notsender aktivieren. Man würde uns suchen. Nein, wir sind uns alle einig, den Emergency-Sender setzen wir nur im äußersten Notfall ein. Eine kleine Chance, den Kopf aus der »Eisschlinge« zu ziehen, besteht. Bezal hat uns in Resolute darauf aufmerksam gemacht. Auf der Ostseite von Somerset Island, in der Creswell Bay, ist ein Sommer-Jagdlager der Inuit. Dort bestünde die Möglichkeit, nach Resolute zu fliegen. Aber dazu müssen wir erst einmal 100

Wir beschließen, unsere Kajaks zurückzulassen, nähen Tragriemen an die Seesäcke und packen für zehn Tage Proviant ein.

Links: Bei Howe Harbour ist endgültig Schluß. Die Eisverhältnisse sind katastrophal, wir können weder paddeln noch ziehen. Wir haben gehofft, wenigstens an der Küste einen schmalen Streifen offenen Wassers vorzufinden – vergeblich!

Oben: Wir haben zwei Möglichkeiten, dem Eisgefängnis zu entkommen: Entweder wir aktivieren den Notsender und lösen damit eine Rettungsaktion aus, oder wir schlagen uns zur Ostseite der Insel durch; dort haben Inuit ein Sommerlager mit Flugverbindung nach Resolute.

Unten: Werden wir die Hütten in der Creswell Bay jemals erreichen? Im eisenhaltigen Gestein ist der Kompaß unbrauchbar. Die Sonne verbirgt sich im Nebel, auch nach ihr können wir uns nicht orientieren – das zerrt an unseren Nerven!

Kilometer über die weglose Insel. Bei den zu erwartenden Schwierigkeiten müssen wir mit sechs bis zehn Tagen Fußmarsch rechnen.

Dabei stellt sich uns ein ernsthaftes Problem. Unser Kartenmaterial im Maßstab von 1:500 000 war zwar für die Küstenorientierung völlig ausreichend. Um sich bei einem Landmarsch zu orientieren, ist es mehr als dürftig. In mir ist immer noch die Hoffnung, daß sich das Eis lockert. Dann könnten wir durch die Bellot Strait in die Creswell Bay paddeln. Dazu müßten wir aber vorerst weiterhin in Ungewißheit warten. Mike und Michi drängen darauf, den Fußmarsch baldmöglichst anzutreten. Wer weiß, wie lange die Inuit noch im Lager sind.

Die nächsten Tage verwandelt sich unser Camp in eine »Nähstube«. Jeder versucht seinen Seesack zu einem halbwegs brauchbaren Rucksack umzufunktionieren. Mit der Angelschnur nähen wir den Rückengurt unseres Kajaks als zweiten Tragriemen daran und die Bandschlingen werden zum Hüftgurt. Michi entwickelt sich dabei zu einem wahren Nähkünstler, während Mike und Volkmar den Mangel an Tragekomfort mit ihrer Kraft ausgleichen wollen.

Als wir die bepackten Säcke für die zehn Tage Querung probeweise heben, sind wir über das Gewicht entsetzt. 40 Kilogramm! Das ist zuviel.

Noch einmal gehen wir alles durch:

- Proviant für zehn Tage – ist ohnehin nur das Minimum.
- Zelt, Schlafsack, Faserpelz – darauf können wir nicht verzichten.
- Notsender, Karten, Leuchtsignal – lebenswichtig.
- Kocher, Petroleum, Kochgeschirr – wir brauchen etwas Warmes.
- Kameras, Filmausrüstung – zu wertvoll zum Zurücklassen.

Schließlich mustern wir zwei Isomatten, einen Querbogen des Zeltes und ein Reparatur-Set aus.

Dann deponieren wir unsere Boote mit dem hinterlassenen Gepäck in einer Mulde bei einem kleinen Cape, das sich mit einem eierförmigen Felsblock markant von der Küste abhebt. Für eine Überwinterung der Ausrüstung scheint uns das der geeignetste Platz zu sein.

Obwohl dies das Ende unserer Expedition bedeutet, sind alle in bester Laune. Volkmar hat aus der gefriergetrockneten Nahrungs-Palette noch ein Abschieds-Menü gezaubert, mit Mousse au Chocolat zum Nachtisch, das immer so herrliche Blähungen verursacht.

Bereits nach den ersten Kilometern unseres Fußmarsches ist die gute Laune total verflogen. Kein Wunder, bei dem elenden Tragekomfort. Von Mikes Seesack lösen sich nach zwei Stunden die Riemen. Irgendwie sind wir froh über die Panne und den weiteren Nähtag. Noch hat sich keiner an die knochenschweren Lasten gewöhnt.

Inzwischen fegt ein bissiger Nordwestwind über die Insel, zieht eine düstere Nebelregenschleppe hinter sich her. Ihr eintöniges Grau schluckt in wenigen Minuten alle Konturen der Steinöde. Wonach sollen wir uns orientieren? Den Kompaß können wir vergessen. Das eisenhaltige Gestein degradiert ihn zu einem wertlosen Spielzeug. Alle paar Meter zittert seine Nadel in eine andere Himmelsrichtung. Jetzt bedauern wir, daß wir kein GPS-Navigationsgerät mitführen. An der Küste war es auch nicht nötig gewesen, da genügte uns die Karte. Aber nun, ohne brauchbaren Kompaß, fühlen wir uns im Nebel nicht besonders wohl.

Dabei bereiten uns schon alle anderen Umstände genügend Schwierigkeiten. Der feine Regen überglast alles Gestein mit einer höllisch glatten Eisschicht. Wie auf rohen Eiern bewegen wir uns vorwärts. Erst, wenn wir sicheren Halt mit den Stöcken haben, können wir den nächsten Schritt vollziehen. Mein einziger Gedanke ist nur immer: hoffentlich bricht keine der Hartmetallspitzen.

Auf einem flachen Paß mit wild übereinandergeworfenen Steinquadern bricht heftiges Schneetreiben über uns herein, so daß wir nicht einmal mehr die eigenen Füße sehen. Es ist unmöglich, das Zelt aufzuschlagen. Mit weichen Knien irren wir über zwei Stunden in dem vereisten und heimtückisch überschneiten Blockchaos umher, bis wir in unserer Erschöpfung einfach unsere Zelte wie Hängematten zwischen die Felsen binden. Halb sitzend, schlafen wir trotzdem so gut wie selten.

Am Morgen finden wir uns an einem See, den es nach unserer Karte gar nicht geben dürfte. Unsere Angst, wir könnten uns verirren und die Inuit-Hütten in der Creswell Bay ver-

fehlen, sitzt bei jedem tief. Sie quält uns bis in den Schlaf, und mit dem ersten Erwachen hängt sie sich wieder düster an die Seele. Seit Tagen laufen wir nur nach dem Instinkt. Die einzige Orientierungshilfe ist der beständige Wind aus Nordwest. Häufig versinken wir bis zu den Waden im Morast, da der Permafrost das Schmelzwasser nicht abfließen läßt. Sogar auf den Höhenzügen waten wir im Wasser. Bei Mike und Volkmar beginnen die Kunststoffschalen der Schuhe zu brechen. Die Ösen, vom Salzwasser angegriffen, sind mittlerweile alle ausgerissen.

Aus nebeltriefenden Felsen löst sich plötzlich ein schnaubendes Ungetüm. Mit gesenktem Kopf und blutgeaderten Augen steht uns ein Moschus-Bulle gegenüber. Neugierde und Angst hält uns gebannt. Jeder befürchtet, daß

Feiner Nebelregen hat das Geröll stellenweise mit einem heimtückischen Eisfilm überzogen. Im Nu verliert man das Gleichgewicht, besonders dann, wenn die Beine nach einer Bachquerung vor Kälte gefühllos sind. Nicht auszudenken, wenn einer sich dabei etwas bräche.

Die Querung durch Somerset Island könnten wir uns als »würdige« Strecke für eine Iron Man – Competition *vorstellen. Nebel, Eis, Sümpfe und Wildbäche sind die ständigen Gegner.*

er uns im nächsten Moment über den Haufen rennt. Der zottige Hüter der Trostlosigkeit stößt jedoch nur Atemwolken in den Nebel und verharrt. Hoffentlich denkt er ebenso an Flucht wie wir. Während wir ihn fotografieren, beginnt er heftig zu stampfen – wir ziehen es lieber vor, den Rückzug anzutreten.

Endlich hebt sich der Nebel und wir sehen erstmals seit fünf Tagen tiefer in das Land. Auf der kahlen Haut trostloser Erde glänzt Wasser. Weich fließen seine Konturen in den Dunst des Horizonts. Das muß der Stanwell-Fletcher Lake sein, so groß ist kein anderer See auf Somerset. Alle Zweifel, ob wir je ankommen werden, sind in diesem Moment verschwunden.

Was soll uns jetzt noch aufhalten? Durch die riesige Ebene vor dem See winden sich ein paar sumpfige Flußläufe. Wie gut, daß wir sie be-

reits in den Bergen gequert haben. Das Gelände auf der Ostseite des Sees ist nahezu eben, fast wie eine Autobahn. Besser könnte es gar nicht sein.

Voller Optimismus steuern wir auf die Ebene zu. Die ersten Schritte darauf sind herrlich, man läuft wie auf einer Straße. Leider werden mit jedem Schritt die Füße schwerer – abartig schwer sogar. Der naße Flugsand auf dem Schotter haftet wie Pech an den Sohlen. Nur mit einem lächerlichen, winzigen Millimeter bei jedem Schritt, aber nach hundert Schritten sind es dann schon zehn Zentimeter. Langsam quetscht sich das Ganze dazu in die Breite und fällt erst ab, wenn wir kaum noch einen Fuß hochbringen. Anfangs versuchen wir uns mit den Stöcken von den Stollen zu befreien. Resigniert lassen wir es bald bleiben, wir müßten ständig kratzen. Eine ohnmächtige Wut über diesen Teufelslehm überkommt mich und selten habe ich mich hilfloser gefühlt. Nur zehn Minuten Sonne, dann wäre die Oberfläche abgetrocknet und wir könnten bequem laufen. So aber torkeln wir dahin, als hätten wir Hackklötze an den Füßen. Wenn sich je ein Veranstalter »Gemeinheiten« für eine *Iron Man Competition* ausdenken wollte, hier auf Somerset Island hätte er Anregung genug!

Während wir dem Union River, dem Ausfluß des Stanwell-Fletcher Lakes, näherkommen, tritt erstmals nach sechs Tagen die Sonne wieder hervor. Im Nu ist der Boden trocken und die letzten 20 Kilometer werden fast zum Spaziergang.

Mit lädierten Bandscheiben, krummen Rükken, beschädigten Knien, überdehnten Bän-

Endlich, vor uns die Hütten der Creswell Bay. Nach sechs Tagen Gewaltmarsch löst sich die Anspannung, die Ungewißheit hat ein Ende.

dern, aber mit heilen Knochen erreichen wir das Eskimolager. Verwundert schütteln die Inuit den Kopf über uns und unsere Story. Sommer ist für sie keine Reisezeit. Allein Schlitten-Wetter taugt dazu. Das einzige, wofür es sich lohnt hinauszugehen, ist die Jagd.

Die Creswell Bay war von alters her beliebter Jagdplatz der Netsilik-Eskimos. Jetzt zieht der *Arctic Char*, der Lachs, zum Laichen den Union River hinauf und in der eisfreien Bucht tummeln sich leopardengefleckte Narwale. Matak, die fingerdicke, »nussige« Eiweißschicht unter ihrer Haut, war bei den Inuit seit jeher eine geschätzte Delikatesse. Fridtjof Nansen beschreibt sie in seinem Buch *Eskimoleben* besonders originell:

»Der Eskimo verdient meine größte Hochachtung für die Erfindung dieses Gerichts. Ich versichere den Leser, daß mir noch heute bei dem bloßen Gedanken an Matak mit seinem unbeschreiblich feinen Geschmack nach Nußkernen und Austern das Wasser im Munde um meine wenigen übriggebliebenen Zähne zusammenläuft – ah! – und dann hat er das vor den Austern voraus, daß die Haut so zäh ist, als kaute man Putzleder, wodurch der Genuß sich bis ins Unglaubliche verlängern läßt. Sogar die Dänen in Grönland lieben diesen Leckerbissen, wenn sie ihn haben können, kochen ihn aber meistens, wodurch er geleeartig wird und der Nußkern- und Austerngeschmack spurlos verschwindet, so daß man ebensogut die Zunge zum Fenster hinaushängen könnte.«

Obwohl die Jäger des Nordens das ökologische Gleichgewicht der Arktis nie gefährdet haben, geht es uns sehr nahe, als wir beim Abhäuten der großen Lebewesen zusehen. Aus dem zwei bis drei Meter langen, gedrillten »Stirnzahn« der männlichen Wale werden meist Schnitzereien angefertigt. Sie allein bringen den Inuit etwas Bargeld.

Der Jäger Simon, vor 40 Jahren in der Aston-Bay in einem Iglu geboren, erzählt uns mit glänzenden Augen von einem Bären, den er letzten Winter mit Pfeil und Bogen erlegt hat. Beim Speeren von *Arctic Chars*, jenen Lachsen mit dem zartesten Fleisch, demonstriert er uns überzeugend seine Kunstfertigkeit im Umgang mit den traditionellen Jagdwaffen. Dabei klagt er über die tragischen Auswirkungen des weltweiten Robbenfell-Boykotts, der die unschuldigen Inuit mit aller Härte trifft. Denn die Felle der wenigen Robben, die sie zum Leben brauchen, lassen sich nicht mehr verkaufen. Ihrer einzigen Einnahmequelle beraubt, müssen sie als Sozialhilfeempfänger ihr Leben fristen.

Inzwischen haben uns die Inuit mit Funk von Resolute eine Twinotter herbeigerufen. Irgendwie geht uns das auf einmal zu schnell. Aber der Pilot drängt zur Eile, er will zurück nach Resolute, ehe dort der Nebel eine Landung verhindert.

Jetzt, wo ich die Arktis mit schneckenhafter Langsamkeit durchmessen habe, wo ich aus ihren Pfützen trank und auf ihrer rauhen Haut schlief, ist es mir nicht mehr möglich, sie nur als Betrachter zu sehen. Ein unsichtbares Band hat sich zwischen mir und diesem Land geschlungen. Und ich weiß – ich muß zurückkehren!

Mit unserer Duftnote aus Frust, Angst und Schweiß könnten wir es mit jedem Penner aufnehmen. Nach der vierwöchigen Beize im eigenen Saft, ist das Dusch-Erlebnis im *High Arctic Center* gigantisch. So rein und leicht habe ich mich nicht einmal in meiner Bubenzeit, nach der Absolution von vierhundert läßlichen und zwanzig Todsünden, gefühlt.

Am Abend schauen die Spanier noch bei uns vorbei und berichten von ihrem Mißgeschick. Dreimal starteten sie zur Querung – dreimal mußten sie umkehren. Schließlich wagte es nur noch einer. Er kam sogar bis vor die Küste von Somerset Island; da wurde sein Kajak vom Packeis zerbrochen. Nur sein Überlebensanzug bewahrte ihn im Eiswasser vor dem Tod. Mit dem Notsender mußte er Hilfe herbeirufen.

Ungeachtet dessen wollen die Spanier die Passage mit ihren Hunden fortsetzen. Erst im April nächsten Jahres können sie starten. Eine lange Wartezeit mit drei Monaten Finsternis steht ihnen bevor, zum Glück mit 600 000 Dollar Sponsorengeld einer großen Versicherungsgesellschaft versüßt.

Davon können wir bloß träumen. Wir müssen nach Hause, um erst einmal das Geld für die nächste Etappe zu verdienen. Beim Abschied, am Airport, bringt uns Bezal die neueste Meldung: der Eisbrecher mit dem Versorgungsschiff sitzt hinter Taloyoak fest. Resolute muß ein weiteres Jahr aus der Luft versorgt werden.

Vor Jahren war die Creswell Bay ständig bewohnt. Inzwischen lassen sich die Inuit nur noch einfliegen, um Narwale und Karibus zu jagen, und um Arctic Chars zu fangen.

Auf den Spuren von John Ross

Um die Passage fortzusetzen, sind wir im folgenden Jahr wieder hier. Noch ehe das Eis aufbricht, machen wir uns auf den Weg, um unsere Kajaks zu suchen.

Resolute, 31. Mai 1992

Mit siebzig Sachen »brettern« wir über die Barrow Strait, der weißen Küste von Somerset Island entgegen. Bezal vom *High Arctic Center* hat uns zwei Skidoos nebst Schlitten organisiert. Der Inuk Oingoot und sein Neffe Kalluk jagen damit, was das Zeug hält, über das Eis. Die Barrow Strait vom letzten Jahr ist nicht wiederzuerkennen. Aus dem gefährlichen, unbegehbaren Packeis ist eine vertrauenserweckende Piste geworden. Da und dort zwar von Eisverwerfungen unterbrochen, aber fast alle Vertiefungen hat der Sturm mit Schnee geglättet. Wenn ich das mit den Verhältnissen des letzten Sommers vergleiche, muß ich den Inuit absolut rechtgeben – einzig der Winter taugt in der Arktis zum Reisen.

Jetzt, Ende Mai, hat er Land und Meer noch fest in seinen Frostklauen. Obwohl die Sonne bereits vierundzwanzig Stunden am Himmel steht, zeigt das Thermometer minus 20 Grad. Ich mußte den Beginn dieser Etappe so früh ansetzen, weil wir nur über Festeis unsere zurückgelassenen Kajaks erreichen können. Es sei denn, wir nähmen einen teueren Helikopter. Keiner weiß, ob die Boote den Winter überstanden haben. Vielleicht liegen sie, von hungrigen Bären zerfetzt, lange schon in alle Winde zerstreut. Ebenso möglich, daß ein Blizzard sie hochgewirbelt und an den Felsen zerschmettert hat. Die Frage nach den Kajaks beschäftigt mich, seit ich Somerset Island verlassen habe. Nun, auf dem ratternden Schlitten, hinter Oingoot, blasen mir stinkende Auspuffgase vermischt mit hochgeschleudertem Schnee alle Gedanken aus dem Kopf. Die Mütze bis auf ei-

nen Sehschlitz über den Kopf gezogen, kralle ich mich mit Michi an unserer Ausrüstung fest. Auf dem zweiten Schlitten sitzen Volkmar und Erich Kahn, der anstelle von Mike Hierl mitgekommen ist. Gnadenlos kriecht die beißende Kälte durch die Kleidung. Zum Glück für uns, und zum Ärger der Inuit, bleiben wir öfter in Schneeverwehungen stecken. Kräftiges Schieben bringt die eingefrorenen Gelenke wieder in Gang und den Kreislauf in Schwung. Kommt der Schlitten plötzlich frei, heißt es blitzschnell aufspringen. Einmal verpasse ich den Aufsprung, und ehe ich mich hochrapple, rast Oingoot schon weiter. Der Lärm des Skidoos schluckt mein Rufen. Auch Michi auf dem Schlitten kann sich nicht bemerkbar machen. Da stehe ich nun alleine und habe, was ich schon lange wollte – Einsamkeit! Besonders glücklich fühle ich mich in diesem Moment nicht. Eine Weile kann ich mich mit dem Gedanken des Verlorenseins beschäftigen, bis Oingoot's Schlitten in der Ferne, als kleiner Punkt, wieder sichtbar wird. Von nun an schiebe ich in den Schneewehen nicht mehr bis zum letzten Moment.

Mehrere Schlitten kommen uns entgegen. Freunde von Oingoot kehren mit Frauen und Kindern vom Eisfischen zurück. Die Begegnung ist ihnen Anlaß zu einer kurzen Kaffeepause. Interessant für uns zu beobachten, wie sie unsere Zivilisations-Gewohnheiten mit ihren traditionellen verbinden. Zu Kaffee und Keksen gibt es gefrorenen Lachs. Oingoot erklärt uns, daß die Inuit seit jeher im Winter gefrorenes Fleisch bevorzugten, da der Körper darauf mit stärkerer Wärmeproduktion reagiert. Leicht vorstellbar,

Begegnung auf dem Eis: Eine Inuitfamilie kehrt vom Eisfischen zurück. Bei einer kurzen Rast stärken sie sich mit heißem Kaffee und gefrorenem Lachs.

So hatten wir unsere Kajaks vor neun Monaten zurückgelassen und gehofft, sie mit Hilfe des Karibu-Geweihs leicht wiederzufinden.

daß es sich so verhält. Jedenfalls schmeckt der tiefgefrorene Lachs ausgezeichnet.

Nach zwei Tagen erreichen wir die Gegend, in der wir unsere Kajaks zurückließen. Im Gegensatz zum Sommer sieht die verschneite Felsküste weich und sanft aus. Es dauert nicht lange, da entdeckt Volkmar den markanten »Eierfelsen«, bei dem wir letztes Jahr die Kajaks zurückließen. Dreißig Meter landeinwärts müßten sie liegen. Wir laufen hoch und schaufeln Löcher in den windgepreßten Schnee. Wie hoch er liegt, wird uns erst richtig bewußt, als Erich einmal bis zur Brust verschwindet. Nach einem halben Meter ist der Schnee mit einer fünf Zentimeter dicken Eisschicht durchsetzt. Vom Stochern mit den Stöcken brauchen wir uns nichts erwarten. Das einzige, was weiterhilft, ist graben.

Nach vier Stunden graben wir immer noch und unsere Hoffnung, die Kajaks zu finden, schwindet mehr und mehr. Müde und enttäuscht kochen wir Kaffee und essen ein paar Bissen. Oingoot zündet sich bedächtig eine Zigarette an und beginnt Schritt für Schritt die harte Schneeoberfläche mit dem Stock abzuklopfen. Gespannt verfolgen wir sein Tun. Wie er seine Kreise immer weiter zieht und in völliger Bewegungslosigkeit auf jeden Ton horcht, den die harte Schneedecke von sich gibt. Wenn einer die Kajaks finden sollte, dann ist es der erfahrene Inuit-Jäger mit dem Instinkt des Naturmenschen. Viel näher am Strand, als wir die Boote in Erinnerung haben, läßt er sich mit dem Ausruf »I got it« die Schaufel reichen und stößt tatsächlich nach kurzem Graben auf das Karibu-Geweih, das Mike im vergangenen Jahr zwischen die Kajaks gesteckt hat.

Eine Stunde später haben wir alle vier Kajaks freigelegt. – Unversehrt wie es scheint! Bei genauerem Hinsehen bekommt unsere Freude einen herben Dämpfer. Bei einem Kajak ist unter dem Schneedruck die Naht aufgeplatzt. Eine Reparatur ist in dieser Kälte unmöglich. Wir bräuchten wenigstens 15 Grad Wärme, damit der Polyester-Kleber aushärtet. Solange wir uns auf Festeis bewegen, läßt sich mit dem Schaden leben, unmöglich aber, damit auf das Wasser zu gehen.

Proviant und Ausrüstung haben hingegen die Überwinterung bestens überstanden. Da wir uns dessen nicht sicher waren, haben wir den größten Teil neu mitgebracht. Sehr zur Freude von Oingoot und Kalluk, denen wir alles Überflüssige schenken.

Für die Rückfahrt füllt Oingoot Benzin in die Skidoos. Seelenruhig raucht er dabei seine obligatorische Zigarette. Ein verhaltenes Lachen überzieht sein Gesicht, als wir ihn von allen Seiten ablichten. Dabei fällt ihm doch tatsächlich der brennende Glimmstengel aus dem Mund. – Zum Glück am offenen Tank vorbei in den Schnee. In Resolute waren mir bereits einige ausgebrannte Skidoos aufgefallen. Wahrscheinlich wurden sie auf ähnliche Weise betankt.

Nach den Erfahrungen des letzten Jahres habe ich für die rauh gewordenen Kajaks Polyäthylen-Beläge vorbereitet. Ähnlich Haftklebefellen an Tourenskiern, können wir sie auf den Kiel unserer Boote kleben und zusätzlich mit Riemen fixieren. Damit haben wir einen abnehmbaren Skibelag, der die Reibung auf Schnee und Eis merklich reduziert.

Dieselbe Stelle im Schnee! Eine völlig veränderte Landschaft. Einen Tag lang graben wir im Schnee und glauben die Kajaks schon verloren: da stößt Oingoot endlich auf das Geweih.

Oingoot, unser Schlittenführer, betankt den Skidoo grundsätzlich mit brennender Zigarette.

Rechts: Obwohl bei einem Kajak die Naht aufgeplatzt ist, machen wir uns auf den Weg. Das Thermometer zeigt minus 15 Grad, der Peel Sound ist noch vollständig zugefroren.

Mit Proviant für vierzig Tage versehen, ziehen wir hinein in die Einsamkeit. Im Gegensatz zur gnadenlosen Härte des letzten Jahres empfängt uns die Arktis diesmal mit einem verführerischen Sonnentag. Dieses Wandern über das Eis fasziniert immer wieder aufs Neue. Ein starkes Glücksgefühl durchströmt mich. Ich atme Weite und Stille. Schritt für Schritt, mit der Langsamkeit einer Mikrobe durchmesse ich den Raum. Gegen die hektische Informationsflut der Medien daheim, die wie der rasende Bildwechsel eines Video-Clips auf uns einstürmt, ist das hier der reinste Anachronismus. Stunden-, tagelang das gleiche Bild, dieselbe Landschaft. Du bist mit deinen Gedanken allein und wirst schonungslos mit dir selbst konfrontiert. Je tiefer du dich in dieses weiße Nichts hineinbegibst, um so klarer werden deine Gedanken. Es gibt keine Flucht vor dir selbst. Du bist alleine! – Eins mit dem All.

Erich, der himalaja-erfahrene Freund Volkmars, hat freiwillig das Amt des Kochs übernommen. Er macht das hervorragend, aber

den Rat, den Kocher keine Sekunde aus den Augen zu lassen, hat er nicht ernstgenommen. Dieser Leichtsinn hätte uns beinahe ein Zelt gekostet. Ausgerechnet, als er draußen hantiert, bekommt das kleine Biest heftigen Schluckauf und speit im Nu eine Stichflamme. Michi, mit seinem Tagebuch beschäftigt, erkennt blitzartig die Gefahr und wirft den Feuerteufel geistesgegenwärtig aus dem Zelt. Dabei verbrennt er sich den Ärmel seiner Daunenjacke, aber das Zelt ist gerettet.

Vorsichtshalber haben wir die Zelte groß genug gewählt, um im Notfall zu viert darin schlafen zu können. Wir würden zwar wie in einer Heringsdose liegen, doch immerhin besser als draußen in Sturm und Kälte.

Nachdem wir nach acht Stunden Ziehen das Lager aufgeschlagen haben, kocht Erich zuerst eine Suppe. Währenddessen holen wir die Daunenjacken und Schlafsäcke aus den Kajaks und pumpen mit dem luftdichten Packsack, der für diesen Zweck extra ein Ventilstück eingeschweißt hat, die Thermarest-Matte auf. Da der Selbstaufblase-Effekt dieser Matte bei Frost nicht funktioniert, gibt es keine bessere Methode. Wir hüten uns, sie mit dem Mund aufzublasen. Mit Kondenswasser im Inneren würde sie hoffnungslos zusammenfrieren.

Zum Essen sitzen wir alle gemütlich in einem Zelt beisammen. Nach der Suppe setzt Erich einen Topf mit Schnee für das gefriergetrocknete Menü auf den Kocher. Der Teetopf, ebenfalls mit Schnee gefüllt, wird zum Vorwärmen obenauf gesetzt. Michi schneidet inzwischen ein paar Zehen Knoblauch extrafein. Damit geben wir unserem Menü eine spezielle Geschmacks- und Duftnote.

Jeden Tag freuen wir uns auf diese Stunden im Zelt. Schon während wir marschieren oder irgendwo rasten, besprechen wir, welches von den fünf Menüs, die uns zur Auswahl stehen, heute serviert wird. Nach besonders anstrengenden Tagen genehmigen wir uns in den Tee einen Löffel voll köstlich duftenden Jamaika-Rum, den uns ein Paddelfreund aus Kolbermoor spendiert hat. Sein Name, Franz Stettner, fällt so oft in diesen Wochen, daß ihm davon lebenslang die Ohren singen müßten.

Größte Sorgen bereitet uns das aufgeplatzte Kajak. Ehe wir auf offenes Wasser treffen, muß es unbedingt repariert sein. Eine einwandfreie Reparatur mit Polyester läßt sich bei der Kälte nicht durchführen, und ein Provisorium mit Klebeband würde sich beim ersten größeren Wellengang lösen. Wir wissen nicht wie, aber auf irgendeine Weise müssen wir das Problem bewältigen.

Die verlassenen Hütten in der Creswell Bay fallen uns ein. Wenn es gelänge, eine davon zu heizen, könnten wir das Boot ausbessern. Dafür müßten wir allerdings hundertdreißig Kilometer Umweg in Kauf nehmen.

Sonntag, 7. Juni **Pos. 72° 49,09' N**
95° 40,41' W

In den letzten beiden Tagen ist ein halber Meter Schnee gefallen. Da soll mir noch einmal jemand erzählen, in der Arktis würde es kaum schneien. Die Temperatur ist auf minus 4 Grad gestiegen, das macht den Schnee schwer. Dort, wo sich Verwehungen unter der Neuschneedecke befinden, brechen wir bis zum Bauch ein. Für den ersten, der die Spurarbeit leistet, ist dies ungeheuer anstrengend. Mit Skiern wäre es halb so schwer, aber wir wollten ja paddeln und nicht Ski laufen.

Gegen Mittag klart es auf. Sofort fällt das Thermometer auf minus 18 Grad. Eisiger Ostwind treibt Schneefahnen hoch und jagt uns fortwährend Eisnadeln ins Gesicht.

Dann müssen wir eine endgültige Entscheidung treffen! Wir haben jenen Punkt an der Küste erreicht, von wo aus wir über den Stanwell-Fletcher Lake zur Creswell Bay queren könnten. Wenn wir Erichs Leben nicht durch das defekte Kajak riskieren wollen, bleibt uns gar keine andere Wahl. Wir müssen zu den Hütten in der Creswell Bay!

Über ein flaches Tal kommen wir auf einen namenlosen, etwa vierzig Meter hochgelegenen See. Stellenweise hat der Wind die spiegelblanke Eisfläche freigelegt. Mit unseren Titan-Eisschrauben fixieren wir die Zelte. Erich kocht ein festliches Pfingst-Menü – Curryhuhn in Reis, und vorher gibt es Suppe mit englischem Mischgemüse. Als Dessert dann Erdbeercreme mit einem Schuß Rum. Tee und für jeden zwei Kekse runden den Feiertagsschmaus ab.

Zweimal in der Woche haben wir mit dem *High Arctic Center* Funkkontakt vereinbart.

Heute, wo es so weht, fällt es uns besonders schwer, draußen den dreißig Meter langen Antennendraht auszuspannen. Bei Bezal ist Funkstille. Über die zweite Frequenz meldet sich *Braedly Air Service*. Wir teilen ihm mit, daß alles in Ordnung ist, und legen uns schlafen.

Im Gegensatz zum Meer ist der Stanwell-Fletcher Lake eine vollkommen eben gefrorene Fläche. Läge nicht so viel Schnee, könnten wir herrlich darauf laufen. Aber unter der Neuschneedecke macht uns Bruchharsch das Leben schwer. Er trägt zunächst das Körpergewicht ganz gut, bricht aber dann, wenn wir ihn durch das Ziehen stärker belasten, schlagartig ein. Trotz des schweren Schnees bewältigen wir in acht Stunden 29 Kilometer.

Nach drei Tagen erreichen wir die Creswell Bay und die schneeverwehten Hütten. Obwohl keine abgeschlossen ist, müssen wir erst einmal den Eingang freischaufeln, um hineinzukommen. Dann beschäftigt uns die Reinigung der Hütte einen halben Tag. Neben ihrer sorglosen Unbekümmertheit haben die Inuit die besondere Eigenart, mit Abfall und Schmutz wie mit lieben Freunden zu leben. Dementsprechend sieht es aus. Mit den Paddeln als Schaufeln befördern wir gefrorene Fleischreste, Knochen, ausgelaufene Batterien, halbleere Konservendosen, Damenbinden und Kinderwindeln in die Abfalltonne vor der Hütte. Eine »leicht« verdorbene Karibu-Hälfte hinter der Türe strömt trotz der Tiefkühlung dezenten Verwesungsgeruch aus und gibt der sehr persönlichen Atmosphäre noch eine pikante Note. Nachdem wir die Sperrholzplatte vom Fenster gehebelt haben, sorgt der kalte Ostwind für Entlüftung. Erst am Morgen schließen wir das Fenster wieder und kehren mit dem hereingewehten Schnee den restlichen Schmutz zur Türe hinaus.

Während ich mich mit Erich an die Reparatur des Kajaks mache, läuft Volkmar mit Michi noch einmal zum Stanwell-Fletcher Lake zurück, um sich im Eisfischen zu versuchen. Der nachttopfgroße Petroleumofen in der Hütte faucht wütend dicke Rußwolken, als wir versuchen ihn in Gang zu setzen. Erst nachdem wir sein vernachläßigtes Innenleben in allen Einzelheiten gesäubert haben, bequemt er sich, uns dürftige Wärme zu spenden. Vereinigt mit unseren beiden Kochern, steigert er die Temperatur immerhin auf 11 Grad.

Mehr schlecht als recht unterlegen wir den abgeplatzten Nahtstreifen des Kajaks mit polyestergetränkter Glasfasermatte und fixieren ihn provisorisch mit Klebeband. Die Hütte ist zum Aushärten des Polyesters immer noch zu kalt. Es bleibt uns nichts anderes übrig, als mit der Kocherflamme direkt die Naht aufzuheizen. Einige Male fängt das Ganze Feuer, aber das Polyester beginnt auszuhärten. Die Hütte stinkt ätzend, unsere Augen tränen und wir können nicht lüften, sonst wäre die ganze Wärme auf einen Schlag weg.

Volkmar und Michi kommen müde und enttäuscht vom See zurück. An der einzigen offenen Stelle, dort wo der Union River aus dem See fließt, hatten sie kein Anglerglück.

Erich hat im Nebenraum zwischen Essensresten, zerrissener Kleidung und Getriebefett ein paar Pfund Reis und Bohnen entdeckt. Um ein Trockenmenü zu sparen, braut er damit mit viel Hingabe und wenig Erfolg einen »Spezial-Eintopf«. Seine Begeisterung über das »gefundene Fressen« können wir nicht im geringsten teilen, denn das Zeug klebt wie Polyester im Schlund. Schlimmer noch, es schmeckt auch danach. Volkmar glaubt in ihm auch sämtliche anderen Düfte der Hütte wiederzufinden, wobei er das Wort »Pampers« gebraucht. Bis auf Erich legen daraufhin alle den Löffel beiseite. Vermutlich sind wir noch nicht lange genug in der Wildnis!

Mühsam haben wir in der verlassenen Hütte an der Creswell Bay den defekten Ofen in Gang gebracht. Hier gelingt uns die Reparatur des beschädigten Kajaks.

Schneesturm verschafft uns zwei weitere Muße-Tage. Wir schlafen zwölf Stunden, lesen und genießen so richtig den Schutz der anheimelnden Hütte. Eine schwierige Frage beschäftigt uns: Wo sollen wir die Passage fortsetzen? Die eine Möglichkeit bestünde darin, wieder die 65 Kilometer zum Peel Sound zurückzugehen. Die andere wäre, gleich hier im Prince Regent Inlet weiterzuziehen. Oingoot hat uns auf diese Idee gebracht, als er von einer riesigen Rinne im Eis erzählte, die sich im Prince Regent Inlet mehrere hundert Kilometer nach Süden ziehen soll. Diese Rinne sei zwar sehr gefährlich, weil sie sich mit den Gezeiten öffnet und schließt, aber die Netsilik-Eskimos von Taloyoak wären in früheren Zeiten dort immer in ihren Kajaks auf Walfang gegangen. Auf diesen Jagdzügen haben Inuit bereits Jahrhunderte vor den Europäern den Eisteil der Nordwest-Passage viele Male in beiden Richtungen durchzogen.

Uns erscheint es ungeheuer verlockend, die Passage auf dem Weg der Eskimos nachzuvollziehen. Bei Taloyoak müßten wir allerdings die schmale Landzunge zwischen Middle Lake und der Spence Bay umheben. »Mit Kajaks eine Kleinigkeit«, meinte Oingoot.

Unabhängig von Oingoots Vorschlag lenkt ein besonderes Buch unserer vierbändigen Kajak-Bibliothek unsere Aufmerksamkeit und Phantasie auf das Prince Regent Inlet. Nichts könnte es dramatischer untermalen, als die Geisterreiter des Sturms, die um die Hütten jagen, und die Vorstellung, bald selbst wieder im Packeis gefangen zu sein. Das Buch trägt den Titel »*Zum Magnetpol in der Arktis*«, und ist der mitreißende Bericht von Sir John Ross über seine zweite Expedition. Auf der Suche nach der Nordwest-Passage war er 1829 mit seinem Neffen James Clarke Ross und weiteren 23 Männern in die Arktis aufgebrochen. Mit ihrem Schiff »Victory«, einem Raddampfer, stießen sie in einem überaus milden Sommer bis tief in das Prince Regent Inlet vor. Leider verließ sie dort das Glück und es begann ein drei Jahre währender Kampf mit dem Packeis. In den langen Monaten des Wartens unternahmen sie ausgedehnte Erkundungen mit Schlitten. Dabei lokalisierten sie den Magnetischen Nordpol und kartographierten über 4000 Kilometer unbekannte Küste. Ihr heißersehntes Ziel, die Nordwest-Passage, fanden sie jedoch nicht.

Nachdem ihr Schiff drei Jahre vom Eis eingeschlossen blieb, mußten sie es am 1. Juni 1832 schwerbeschädigt aufgeben. In einem leidvollen Rückmarsch, teils mit Schlitten, teils mit offenen Ruderbooten, versuchten sie sich zum Lancaster Sound durchzuschlagen.

Wenn wir unsere Querung im Prince Regent Inlet fortsetzen würden, kämen wir an all den Buchten und Capes vorbei, denen John Ross ihre Namen gab und die jahrelang Schauplatz eines der härtesten Überlebenskämpfe auf der Suche nach der Nordwest-Passage waren.

Ich muß gestehen, John Ross' Buch verursacht mir Herzklopfen, denn ich weiß, wir können genau wie er hilflos im Packeis festhängen. Noch schlimmer, für uns gibt es keine Kajüte, keinen Schutz, der uns Wärme spendet. Wir sind den Launen der Arktis bedingungslos ausgeliefert. Allzuleicht kann sie uns vernichten. Ist das Risiko überhaupt kalkulierbar? Ich fühle mich für Michis Leben und das der Freunde verantwortlich. Daheim warten liebe Menschen, hoffen und vertrauen.

14. Juni:
Wir haben uns für die Route im Prince Regent Inlet entschieden. Aus Osten stürmt es immer noch grimmig, aber die Sicht hat sich soweit gebessert, daß wir zeitweise die Konturen der Küste wahrnehmen können. Schneeverwehungen und Bruchharsch machen uns das Leben schwer. Dazu haben wir den Wind voll im Gesicht. Trotzdem weint keiner den Hütten in der Creswell Bay nach.

Dem vielen Schnee nach zu urteilen, wird das Eis heuer wohl wieder nicht aufgehen. Oingoot hat uns den Grund dafür erklärt. Eine starke Schneeschicht ist die beste Isolation gegen die Erwärmung der Sonne, sodaß die kurzen Sommerwochen nicht ausreichen, das Eis zu schmelzen.

Für die Dicke der Eisdecke sind eine ganze Reihe von Faktoren bestimmend, nicht nur allein die Kälte. Fällt zu Anfang des Winters bereits Schnee, isoliert er frühzeitig gegen den Frost und die Zunahme der Eisstärke ist gering. Beseitigt zudem ein Wärmeeinbruch im Frühjahr den Schnee eher, ist die Sonne in der Lage, das Eis soweit zu reduzieren, daß Wind und Wellen ausreichen es zu brechen. Trotz al-

lem können sich selbst in einem warmen Sommer mit wenig Eis innerhalb Stunden katastrophale Verhältnisse einstellen, wenn der Nordwind aus dem unerschöpflichen Reservoir der Polregion unzählige Tonnen Packeis zwischen die arktischen Inseln schiebt. Nichts fürchten wir mehr als dieses Packeis. Die Erinnerungen daran sind noch zu lebendig.

15. Juni: Pos.: 72° 35,27' N
93° 35,88' W
– 67 Meter

Dieses Jahr haben wir auf das Navigations-Gerät nicht verzichtet. Unser Magellan 5000 GPS ist recht witzig. Obwohl wir es auf Drei-Satelliten-Empfang und Meereshöhe null eingestellt haben, schaltet es auf Vier-Satelliten-Empfang um und gibt uns neben der Position auch die Höhe an. Demnach müßten wir 67 Meter unter dem Meeresspiegel sein. Was sollen wir davon halten? Mißt das Gerät ungenau oder macht sich die Abflachung der Erde in den Polbereichen bemerkbar?

Ein Bär! Michis Schrei von nebenan läßt mich hochschrecken. Hastig reiße ich das Zelt auf. Mir stockt der Atem. Am Eingang des anderen Zeltes steht hochaufgerichtet ein großer Eisbär. Metallisches Klicken ist zu vernehmen, drüben lädt jemand das Gewehr durch. Auf das unbekannte Geräusch hin geht der Bär wieder hinunter und reißt ein Stück aus dem Überzelt. Meine rote Signalrakete, die ich ihm über den Kopf schieße, beeindruckt ihn nicht im geringsten. Langsam schiebt sich ein Ge-

Selten ist das Eismeer eine ebene Fläche. Meist ist es durchsetzt von frosterstarrten Wogen und bis zu acht Meter hohen Eisbrüchen.

wehrlauf aus dem Zelt. Erich hat das Pumpgun im Anschlag. Mißtrauisch weicht der Bär zwanzig Meter zurück und schaut aufmerksam zu den Zelten. Nun ärgere ich mich mächtig. Warum habe ich keine Filmszene gedreht? Die Kamera lag doch griffbereit! Ein Eisbär am Zelt, im Vordergrund die schneeverwehten Kajaks. Eine Traumszene!

Jetzt steht der Bär abseits, die Chance ist vertan. Ich werde nie einen »coolen« Reporter abgeben. Während Erich mit dem Gewehr sichert, drehe ich nachträglich ein paar Meter. Volkmar und Michi fotografieren. Dem Bären scheint das alles nicht geheuer; gemächlich trottet er davon. Beim Abbauen des Lagers entdecken wir eine Menge Bärenspuren um unsere Zelte. Ein Zeichen, daß er bereits längere Zeit um uns schlich. Dieser Vorfall bestätigt unsere Vorsicht, ständig Gewehr und Signalraketen verfügbar zu haben.

Der Sturm hat auf Nordwest gedreht. Von minus 15 Grad ist die Temperatur auf minus 20 Grad gefallen. Nach einem gemütlichen Müsli-Frühstück füllt jeder einen Liter Tee in seine Thermosflasche. Damit wir uns in der Kälte nicht die Zähne ausbeißen, stecken wir die Schoko- und Energieriegel in die wärmenden Hosentaschen. Den geräucherten Speck für alle legt Erich auf den Sitz seines Kajaks. Was wir sonst noch für den Tagesmarsch brauchen, ist schnell verstaut. Dann »klinken« wir uns in die nächste Etappe ein, das heißt, wir hängen den Karabiner der Bootsleine am Hüftgurt ein und ziehen los. Alle zwei Stunden legen wir zehn Minuten Rast ein. Häufig sogar weniger, wenn uns die Kälte weitertreibt. Um beim Ziehen nicht zu sehr zu schwitzen, tragen wir nur dünnes Faserfleece unter dem Windbreaker.

Überraschend viele Eisbären-Fährten, große und kleine, kreuzen unseren Weg. Wir wechseln uns beim Spuren ab. Als Letzter geht keiner gerne, man hat dabei ständig das Gefühl, ein Bär könnte einen anspringen.

Wenn wir zurückblicken, können wir Fury Point sehen, wo Edward Parry's Schiffe »Hecla« und »Fury« 1825 vom Eis auf Grund geschoben wurden. Die schwerbeschädigte »Fury« kam damals nicht wieder frei und mußte aufgegeben werden. Ehe beide Mannschaften mit der »Hecla« die Rückfahrt antraten, ließ Parry die reichlichen Vorräte der »Fury« an Land bringen und deponierte sie in Zelten. Diese umsichtige Maßnahme rettete acht Jahre später John Ross und seiner Mannschaft das Leben, nachdem auch sie ihr Schiff im Packeis aufgegeben hatten.

Ross berichtet: *»Von dem Rumpf der »Fury« war keine Spur mehr zu entdecken. Er war entweder von den Eismassen fortgetragen worden oder in Stücke zerschellt, die dann einzeln fortgeschwommen waren. ... Einen Teil des Materials hatte die Flut weggeschwemmt, aber sonst war nur wenig Schaden entstanden. Füchse hatten einige Büchsen mit Talglichtern aufgebrochen und den Inhalt verschlungen ... Wir bemühten uns weiterhin, die drei Boote der »Fury« in Ordnung zu bringen. Eines davon war erheblich beschädigt. Ich bedauerte nunmehr, daß wir unsere eigenen Boote hatten zurücklassen müssen, denn sie wären in geringerer Zeit reisefertig gewesen.*

Am 1. August war das Eis so weit in Bewegung geraten, daß offenes Wasser entstand. Wir hofften in Kürze segeln zu können, um die Baffin-Bucht zu erreichen und dort einen Walfänger zu treffen. Noch am Nachmittag des 1. August brachen wir auf. Die Eisschollen behinderten uns erheblich, so daß wir die Ruder kaum benutzen konnten. Gegen neun Uhr abends steuerten wir den Strand an. Der Strom kenterte, und das Eis mußte in Kürze in Richtung Küste getrieben werden. Wir entluden unsere Schiffe so schnell wie möglich und zogen sie auf den Strand.

Dieser Entschluß war nicht eine Minute zu früh gefaßt: Wenig später drang das Eis auf die Küste ein. Eisfelder zerschellten in unserer Nähe mit lautem Krachen und türmten hohe Berge auf. Mit knapper Not waren wir der Gefahr entgangen, auf den Tag genau acht Jahre nach dem Schiffbruch der »Fury« und fast exakt an derselben Stelle.«

Zwei Monate lang hatten sie vergeblich versucht in offenes Wasser zu gelangen, dann kehrten sie am 7. Oktober 1832 tief entmutigt zu den Vorräten der »Fury« zurück. Mit völlig unzureichender Ausrüstung durchlitten sie dort die Schrecken ihres vierten arktischen Winters. Erst im darauffolgenden Sommer erreichten sie offenes Wasser im Lancaster Sound, wo sie am 26. August von Walfängern aufgenommen wurden.

Wir setzen unseren Weg im Prince Regent Inlet fort. Im Hintergrund ist der Fury Point zu erkennen: Dort mußte William Edward Parry 1825 sein schwer angeschlagenes Schiff »Fury« aufgeben.

Mit jedem Schritt nach Süden begeben wir uns tiefer in das Schicksals-Inlet der Ross-Expedition hinein. Der Wind ist die alles bestimmende Kraft in der Arktis, und für uns, wenn auch oft nur indirekt, der größte Widersacher. Einmal legt er uns tiefe Schneeverwehungen in den Weg, dann wieder »*Sastrugis*«, jenes Relief von unzähligen Furchen, das er mit der Besessenheit und Geduld eines Bildhauers in den Schnee fräst. Die bizarren Eisverwerfungen, kilometerweit zu wilden Gebirgslandschaften zusammengefroren, sind das Werk seiner Titanenkraft. Gestern entriß er uns ein Zelt, hob es wie einen lustigen Kinderdrachen in die Luft und trug es fort. Michi und Erich rannten, als wäre der Bär hinter ihnen her. Wir gaben es schon verloren, da sprang das Gestänge aus den Ösen und verfing sich zwischen Eisbrocken.

17. Juni: **Pos. 72° 17,94' N**
93° 49,13' W
– 14° C

Noch immer tobt der Sturm und schüttet, prasselnd wie Hagelschauer, Schnee über das Zelt. Die Kajaks hat er bereits völlig zugeweht. Eigentlich wollten wir diese Nacht weitergehen, aber nun hat sich, genau wie Oingoot vorhergesagt hat, eine Wasserrinne geöffnet. Nach dem dunklen Reflex-Streifen am Himmel zu urteilen, müßte sie exakt nach Süden verlaufen. Wenn der Sturm nicht nachläßt, wird es mit dem Paddeln wohl nichts.

18. Juni:
Windstille! Wohltuende Ruhe! Durch zarte Föhnschleier hindurch wärmt uns eine milde Sonne.

Rast an der Bellot Strait. John Ross wurde hart kritisiert, weil er bei seiner vierjährigen Erkundung im Prince Regent Inlet die Bellot Strait nicht entdeckte. Auch als wir diese Stelle im Nebel passieren, ist die schmale Wasserstraße, die Somerset Island vom nordamerikanischen Festland trennt, nicht zu erkennen.

Fern im Norden stehen schwarze Wolken. Der Schnee auf dem Eis sackt in sich zusammen und beginnt zu schmelzen. Ist das der Sommer?

Die handtuchbreite Rinne vor unseren Zelten öffnet sich mehr und mehr. Bis wir gegen 11 Uhr in den Kajaks sitzen, ist sie schon viele hundert Meter breit. Unvorstellbar, welche großen Eismassen sich bewegen. Langgestreckt, mit schweren Schwingen, fliegen fünfzehn weiße Arctic-Gänse über uns hinweg nach Norden. Wir paddeln genau in die entgegengesetzte Richtung, fühlen uns in den Booten herrlich leicht und frei. Für unsere Arme ist die Paddelbewegung noch ungewohnt. Es dauert einige Zeit, bis wir den Rhythmus finden. Dann und wann trifft der Bug auf Felder kleiner Eisstücke. Es klingt wie Glas, wenn sie aneinander stoßen. Wir halten uns nahe der rechten Eiskante. Vom Kajak aus zeigt sie sich sehr bedrohlich, besonders dort, wo die Schollen fünf bis sechs Meter übereinandergefroren sind. Im Ernstfall würden wir an solchen Stellen nie hochkommen. Morgen müssen wir unbedingt Eisschrauben bereitlegen.

Nach drei Stunden verengt sich die freie Wasserfläche wieder zu einem schmalen Kanal, den dichtes Treibeis füllt. Eine Stunde schieben und zwängen wir uns weiter, bis endgültig Schluß ist. Gerade rechtzeitig, ehe die Rinne völlig dichtmacht, finden wir eine flache Stelle, über die wir unsere Kajaks aufs Eis ziehen können. Immerhin sind wir zwanzig Kilometer weitergekommen.

Was uns Oingoot über die Rinne erzählt hat, stimmt genau. Sie öffnet sich tatsächlich im Rhythmus der Gezeiten. Am nächsten Morgen sogar soweit, daß wir die andere Seite mit bloßem Auge kaum mehr wahrnehmen können. Vor der Bellot Strait geht sie in eine unabsehbar offene Wasserfläche über, auf der einzelne Eisfelder dahintreiben. Alles Eis ist in Begriff sich aufzulösen. Aus einer Laune heraus lenken wir unsere Kajaks zur Nordost-Seite der Bellot Strait. Es reizt uns, die 1949 verlassenen Hütten von Fort Ross aufzusuchen.

Wir hätten es lieber bleiben lassen sollen. Die ganze Seite ist durch Packeis unzugänglich. In unserem Eifer haben wir uns zu weit hineingewagt. Jetzt kostet es größte Mühe, aus dem Labyrinth wieder herauszufinden. Ziehende Nebelschwaden nehmen uns minutenlang alle Sicht und hüllen die Bellot Strait in apokalyptische Düsternis.

Ich muß an John Ross denken. Wie schonungslos hart gingen seine Kritiker mit ihm um, weil er zweimal an der Bellot Strait vorbeikam und nicht erkannte, daß sie eine Durchfahrt nach Westen ermöglicht. Selbst heute noch, wo vielfach die alten Expeditionsberichte in populärer Arktis-Literatur verarbeitet und »beleuchtet« werden, kann sich mancher Autor nicht verkneifen, von einem »epochalen Irrtum« zu sprechen oder davon, »den Schlüssel zur Nordwest-Passage« nicht gefunden zu haben.

Es gibt keinen Schlüssel zur Nordwest-Passage, und die Bellot Strait ist erst recht keiner. Selbst wenn die Meeresstraße zwei Monate im Jahr offen ist, nützt dies nichts, da das Eis im Peel Sound jede Weiterfahrt verhindert und höchstens der Sturm einmal in zehn Jahren für wenige Stunden Bedingungen schafft, welche einem Schiff die Durchfahrt gestatten. Letzten Endes haben alle Träume von der Nordwest-Passage im Packeis Schiffbruch erlitten. Trotzdem uns die Karte über die genaue

Lage der Bellot Strait informiert, können auch wir sie in Treibeis und Nebel nicht erkennen. Wir stellen 33 Grad West Deklination auf dem Kompaß ein und richten unsere Kajaks auf Cape Scoresby aus. Treibeis zwingt uns zunächst etwa 15 Kilometer von der Küste ab. Dann behindert es uns kaum mehr.

Obwohl der Nebel etwas ausdünnt, und da und dort ein verlorener Sonnenstrahl eine flüchtige Lichtspur in die Düsternis legt, bleibt die Szenerie unheimlich. Kein Lufthauch regt sich, keine Vogelstimme, kein Laut. Mit gleichmäßigen, zügigen Paddelschlägen treiben wir die Kajaks vorwärts. Die kleine Welle am Bug singt ihr feines Regenrauschen, während die geschwungenen Paddelblätter fast lautlos in die tintenschwarze See eintauchen. Ich liebe dieses pfeilschnelle, leichte, und doch so kraftvolle Dahingleiten, den harmonischen Wechsel von Spannung und Entspannung. Es ist ein Hochgefühl im Bewußtsein der eigenen Kraft, innere Musik. Solange ich gehe, wandere, bleibe ich aller Erdenschwere verhaftet. Im Schweben und Gleiten des Kajaks habe ich das Gefühl, als sei sie aufgehoben. Dabei ist es nur die Kraft deiner Arme, die dich weiterbringt. Kein Motor, kein Segel nimmt dir die Sklavenarbeit ab. Und wenn dich die Flut ein paar Stunden unterstützt, so läuft sie wenig später schon wieder gegen dich.

75 Kilometer paddeln wir bei völliger Windstille. Zwölf Stunden, nur von einer kurzen Pause unterbrochen. Die lauernde Ruhe des Wassers ist unheimlich. Sie treibt uns weiter. Wann wird sich die Eisfalle wieder schließen? Jeder Kilometer auf dem Wasser ist ein Geschenk. Weiter, weiter!

Nach Angaben der Inuit öffnet und schließt sich im Prince Regent Inlet mit den Gezeiten eine schmale Wasserrinne. Tagelang folgen wir dieser Rinne, deren Verlauf sich am dunklen Widerschein des Himmels erkennen läßt.

Oben: Durch den Gezeitenstrom ist das Eis ständig in Bewegung. Wir haben Angst, jeden Moment vom Eis erdrückt zu werden. Der dunkle Nebelstreifen in der Ferne, von den Arktisfahrern »Wasserhimmel« genannt, zeigt uns aber, daß noch offenes Wasser vor uns liegt.

Rechts: Wir versuchen, so schnell wie möglich an die Küste zu kommen, bevor das Tauwetter Verhältnisse schafft, in denen das Eis unbegehbar wird. In acht Stunden schaffen wir aber nur 6 Kilometer.

Es gibt keinen Platz für das Zelt. Nur morsches Eis, das nicht mehr trägt und dürftige Schollen, gerade genug für eine Pinkelpause. Und die Küste, packeisgepanzert, ist unerreichbar fern! Du hebst und senkst unentwegt das Paddel. Sechzehn Stunden! Müdigkeit und Apathie haben das Hochgefühl des Schwebens längst verdrängt. Du paddelst wie in Trance, schließt zehn Paddelschläge lang die Augen, sammelst Kraft, und öffnest sie wieder. Bist du noch im Kurs? Eine kleine Korrektur mit dem Steuer, und das gleiche Spiel beginnt von neuem. Irgendwann findest du ein Stück Eis für das Zelt, und dir ist, als seist du heimgekehrt. Behutsam erlöst dich der Schlaf von allem, nimmt dich aus der Zeit. Aber nur, um dich neugestärkt wieder auszusetzen in das Feld deiner Träume und Illusionen.

21. Juni: Pos. 71° 32,06' N
93° 06,44' W

Wir hängen wieder im Eis fest. Die letzten Kilometer sind wir durch eine hundert Meter breite Wasserrinne in ein Gebiet mit wildesten Eisverwerfungen gekommen. Es erstreckt sich die 15 Kilometer hin zur Küste von Cape Airy und in den anderen Richtungen scheint es bis zum Horizont zu reichen. Ob wir da je durchkommen, übersteigt unsere Vorstellungskraft. Alle Spalten des Eisbruchs sind tief verschneit und heimtückisch zugeweht. Rutscht man ab, fin-

BIG PACK

det man sich gleich bis zur Brust in einer Spalte. Dabei lebt man in der ständigen Angst, ein tonnenschwerer Eisblock könnte auf einen kippen. Wir kommen trotz unmenschlicher Anstrengung in einer Stunde kaum fünfhundert Meter weit. Dazu drehe ich noch ein paar Filmszenen. Daß die Freunde und Michi da nicht stinksauer sind, muß ich ihnen hoch anrechnen. Während wir filmen, kracht das Eis. Es knallt wie beim Fällen eines Baumes, mit langen, tiefen Seufzern dazwischen. John Ross gibt eine treffende Beschreibung:

»Man stelle sich das Eis wie eine Insel vor, wie ein Vorgebirge aus Granit. In engen Meeresteilen begegnen sich derartige in Bewegung gesetzte Gebirge, brechen unter donnerndem Krachen ungeheuere Bruchstücke voneinander los oder zerschmettern einander. Sie verlieren das Gleichgewicht, stürzen kopfüber ins Meer, das sie rundum zu tosender Brandung in die Höhe schleudern oder in Strudeln herumwirbeln. Flache Eisfelder werden durch Wind und Strömung gegen die Felsen getrieben, erheben sich aus dem Meere und stürzen in einem unbeschreiblichen Durcheinander in sich selbst zurück. Ein Schiff befindet sich dabei in einer hilflosen Lage. In keinem Augenblick wußten wir, was folgen würde. Es gab keine Sekunde, die nicht unsere letzte sein konnte.«

Wenn man so etwas nicht selbst gesehen hat, kann man es nicht glauben. Da bewegen sich Milliarden Tonnen Eis von unsichtbaren Kräften getrieben. Vor unseren Augen öffnet sich wieder eine Rinne. Beide Seiten bewegen sich nicht nur auseinander, sie verschieben sich auch zueinander. Schließt sich die Kante wieder, bewegt sich Bruchkante gegen Bruchkante weiter. Wie eine Raspel, vor und zurück, genau im Rhythmus der Gezeiten. Das macht die offene Rinne so gefährlich. Alles ist in Bewegung. Das Wasser strömt wie auf einem Fluß und das Eis darauf ist völlig unberechenbar, weil es sowohl vom Gezeitenstrom als auch vom Wind bewegt wird.

Trotz dieser Gefahr und nach dem Motto: lieber schlecht gepaddelt, als miserabel gezogen, setzen wir die Boote wieder ein. Sechs oder sieben Kilometer lang geht alles ganz gut. Immer wieder können wir uns zwischen dem brüchigen Treibeis durchzwängen. Die Temperatur klettert in der Mittagssonne auf 8 Grad, dadurch wird die Außenschicht des Eises weich und mürbe. Wenn wir mit Kraft und Schwung dagegenfahren, weicht das Eis etwas aus und läßt uns Stück für Stück weiter. Einige Male bleiben wir wartend in den Kajaks sitzen, bis sich wieder ein Durchschlupf auftut. Des öfteren müssen wir schleunigst auf eine Scholle, weil uns Preßeis bedrängt. Wie der helle »Eishimmel« zeigt, gibt es vor uns kein offenes Wasser mehr. Mit Gewalt versuchen wir uns ins Packeis hineinzubohren, schieben und stochern, bis unsere Hände aufgeweicht und blutig sind. Das Ziehen im Schneesturm ist nicht halb so grausam wie der Kampf im Packeis.

Zwischen aufgeworfenen Schollen finden wir eine kleine ebene Fläche für die Zelte. Keine der Eisschrauben greift mehr, so mürbe ist das Eis. In wenigen Tagen wird es unbegehbar sein. Gerade dort, wo Gezeitenströmungen auftreten, geht das Eis am ehesten auf. Und das scheint hier der Fall zu sein.

Immer wieder gibt es Probleme mit dem Kocher – Erich bastelt mit Engelsgeduld daran. Seit Beginn unserer Expedition fängt der Kocher zu rußen an, sobald wir einen Topf mit Eis aufsetzen. Erst wenn der Schnee geschmolzen ist, arbeitet er anstandslos. Nachdem wir uns lange damit beschäftigt haben, erkennen wir das Problem. Unser Whisperlite-Kocher ist genial einfach konstruiert. Füße und Topfauflage, in einem Stück, sind um den Düsenstock gewickelt. Durch den eiskalten Topf wird die Düse so stark abgekühlt, daß sie ständig verrußt. Bei Sonnenschein versuchen wir nun den Schnee zum Kochen in einem schwarzen Plastiksack vorzuschmelzen.

Unsere von Salzwasser durchnäßte Kleidung müssen wir peinlichst von den anderen Sachen trennen. Einmal voll Salz, würden auch sie nicht mehr trocknen. Nachdem wir zum Paddeln nur eine Garnitur haben, graut uns schon immer vor dem nächsten Tag, wenn wir uns wieder in die eisig nassen Klamotten zwängen müssen.

Eigenartige Töne lassen uns immer wieder aufhorchen. Sie scheinen von unten durch das Eis zu dringen. Ein hohes, langgezogenes Pfeifen. Melodisch, wie fernes Singen. Kann das Eis solche Töne erzeugen? Wir finden keine Antwort.

»Eight, three, five – Resolute! Eight, three, five – Resolute – this is Arctic-Kajak-Expedition, do you copy!«

Die Funkverbindung mit Bezal klappt ausgezeichnet. Wir geben ihm unsere Position durch und sagen ihm, daß alles in Ordnung ist. Für meinen Sohn und mich hat er eine Riesenüberraschung. Die Stimme Ediths, meiner Frau, kommt plötzlich aus dem Lautsprecher. Über Funk und Telefon können wir miteinander sprechen. Unglaublich! Wir, mitten im Eis, mit ihr daheim, im blühenden Sommer aus Deutschland. Atmosphärische Schwankungen verändern die Klangfarbe ihrer Stimme, trotzdem ist ihre Sorge unüberhörbar.

»Seid ihr alle gesund?«

»Gebt auf euch acht und riskiert nicht zu viel.«

»Ich bin in Gedanken immer bei euch und nehme euch fest in die Arme.«

»Macht's gut!«

Ein wehmütiges Gefühl, den liebsten Menschen so nahe zu hören und ihm doch fern zu sein. Edith, die Mutige, wieder einmal sitzt sie allein daheim und bangt um ihre »zwei Männer«. Inzwischen kennt sie die Arktis aus eigenem Erleben. Vor zwei Jahren paddelten wir zusammen mit Freunden hoch im Norden im Jones Sound. Damals warf ein wütendes Walroß ihr Kajak in die Luft und schlug mit den Hauern ein großes Loch hinein.

22. Juni – 14 Uhr

Wir warten noch immer und hoffen, daß die Rinne aufmacht. Gegen 10 Uhr hat die Ebbe eingesetzt. Seitdem fährt der Packeisstrom mit einer Geschwindigkeit von acht Metern pro Minute nach Norden. Er zermalmt dabei alles

Die Rinne im Eis führt nicht weiter. Wir warten und warten – tagelang. Das Eis unter unseren Zelten wird immer dünner, schon zweimal mußten wir sie versetzen.

Die Stimme meiner Frau kommt plötzlich aus dem Lautsprecher. Über Funk und Telefon können wir miteinander sprechen.

brüchige Eis zu kleinen Stücken und drückt große Platten senkrecht hoch. Jetzt mit dem Kajak dazwischen zu sein, wäre der reinste Horror – absolut tödlich.

In der Mittagssonne ist es richtig heiß, wie bei uns Zuhause in den Bergen auf einer Frühjahrs-Skitour. Kein Lufthauch regt sich – für uns der ideale Waschtag. Wir laufen nackt herum und wälzen uns übermütig im nassen Schnee. Seit drei Wochen ist es die erste Körperreinigung, gekrönt mit einer frischen Unterhose. Welch ein Luxus!

Die Gewalt des Eisstroms bringt uns in arge Bedrängnis, denn sie bricht von unserer Eiskante, auf der wir lagern, unentwegt große Teile ab und trägt sie mit sich fort. Wir müssen schnellstens die Zelte versetzen, ehe auch sie mitgerissen werden. Leider versprechen uns die wenigen Plätze, wohin wir uns zurückziehen können, auch keine Bleibe. Teilweise ist unter der Schneedecke schon offenes Meer.

23. Juni:
Noch immer sind wir vom Eis eingeschlossen. Vor unseren Zelten hat sich ein See von etwa 800 Metern Länge und 200 Metern Breite geöffnet. Weit über hundert Prachteiderenten und dreimal so viele Lummen tummeln sich darin und suchen aufgeregt schnatternd nach Freßbarem. Mittendrin tauchen zwei große Wale auf, stoßen geräuschvoll den Atem aus und verschwinden unter dem Eis. Plötzlich sind wieder die singenden Pfeiftöne zu hören, über die wir schon so lange rätseln. Es ist der Gesang der Wale.

Unser Warten, daß sich die Rinne öffnet, scheint vergeblich. Wenn nur das Gelände zum Ziehen nicht so brutal wäre, hätten wir uns schon zu Fuß auf den Weg gemacht. Der wüste Eisverhau und der Schneesumpf, durch den man stellenweise bereits einbricht, halten uns jedoch davon ab.

Wir können uns nicht mehr viele Wartetage leisten, sonst ist der Proviant zu Ende, ehe wir Taloyoak erreichen. Unser Müsli am Morgen essen wir mit immer größerer Hingabe. Wie groß unsere Abhängigkeit von der täglichen Nahrung ist, wird uns jeden Tag stärker bewußt. Zuhause, im Überfluß, haben uns derartige Gedanken nie beschäftigt. Bedrohung und Mangel wirken reinigend auf unsere Sinne und machen sie wieder frei für das Elementare.

Im offenen Tümpel, sechzig Meter hinter den Zelten, schwappt plötzlich, von einem massigen Körper bewegt, eine kleine Flutwelle aufs Eis. Wieder ist prustend ein Wal sichtbar. Ehe wir nach den Kameras greifen können, verschwindet er wieder in der Tiefe.

24. Juni:
Gegen 3 Uhr früh öffnet sich am Ende des Sees unsere Rinne. Ohne zu frühstücken brechen wir sofort auf. Was für ein Morgen! Wie immer in der Arktis, wenn die Sonne tief steht, ist alles wie verzaubert. Funkelnde Schneekristalle – blauschimmerndes Eis – kosmische Stille.

Harte, kalte, herzlose Pracht! Nicht weniger herzlos, daß unsere Rinne bereits nach einem Kilometer wieder endet. Niedergeschlagen bauen wir die Zelte auf und ziehen den Schlafsack über die Ohren. Vielleicht ist alles nur ein böser Traum.

Beim Frühstück geht es recht schweigsam zu. Jeder zählt in Gedanken seine Rationen, die ihm noch verbleiben. Wir können uns keinen einzigen Wartetag mehr erlauben. Nun tritt genau das ein, was wir unbedingt vermeiden wollten. Wir müssen uns zu Fuß durch das verrückte Eischaos schlagen. Inzwischen ist es noch problematischer geworden, denn die Sonne hat den Schnee zu heimtückischem Sumpf verwandelt, der das Eis darunter stellenweise bereits durchlöchert hat. Nur in den Stunden um Mitternacht fällt die Temperatur unter den Gefrierpunkt. Viel zu kurz, als daß sich eine tragfähige Eisschicht bilden kann.

In Anbetracht der Schwierigkeiten, die vor

uns liegen, genießen wir den warmen Sonnentag mit gemischten Gefühlen. Die Wärme macht uns träge, mit bloßem Oberkörper liegen wir vor den Zelten. Schreiben und lesen.

Ich habe mir »John Ross« vorgenommen, aber sein Expeditionsbericht vom Prince Regent Inlet ist wenig dazu angetan mich aufzubauen. Womöglich hat er irgendwo hier im Packeis vor 162 Jahren diese Zeilen in sein Tagebuch geschrieben:

»...Uns jedoch erschien der Anblick der Eisfläche als Qual, als Übel, als Gegenstand der Verzweiflung. ...Das Eis hielt unser Schiff in Fesseln, plagte es auf jede nur mögliche Weise und war uns längst verhaßt geworden. ...Vielleicht wird der Schnee sogar einmal unser Sarg und unser Grab?

Zehn Monate im Jahr besteht der Erdboden aus Schnee, Eis und schmelzendem Schnee. Das ganze Jahr hindurch steht uns seine widerwärtige Gegenwart vor Augen. Ich habe mehr als andere Forscher die Gletscher des äußersten Nordens bewundert, habe mit Liebe die Eisberge betrachtet, das glänzende Farbenspiel der Schlösser, Türme und Berge und anderer wunderlicher Gestalten gelobt. Im Krachen und Zerschmettern der Eisberge habe ich das Erhabene gesucht, Schönheit, Gefahr und Grausen miteinander vereint gesehen. Sieht man jedoch vier Jahre lang nichts anderes, wird einem übel bei diesem Anblick, und die Erinnerung daran wird niemals verblassen.«

Zwei Stunden nach Mitternacht ziehen wir los. Bereits nach hundert Metern sind wir naßgeschwitzt. Die Frosthaut, die sich in der Kühle der Nacht gebildet hat, trägt weder uns noch die Kajaks. Minus 5 Grad sind dafür nicht genug. Sie reichen nur aus, um den Schnee mit diamantfunkelnden Kristallen zu zieren. Diese Stunden der größten Anstrengung sind zugleich meine schönsten und unvergeßlichsten in der Arktis.

Die Eisbrocken-Wirrnis, durch die wir uns quälen, gleicht einer Miniatur-Canyon-Landschaft, einem Labyrinth endlos gewürfelten Eises. Aus Nordosten schlägt die rote Sonne flammende Lichtschneisen in sie hinein. Blaueis blitzt auf, wie von innen beleuchtet. Blau in allen Nuancen! Nachtdunkler Lapislazuli und wässriger Aquamarin. Und für das Auge schmerzend, blendend weißes Gralslicht bis zum Ende der Zeiten in gläsernen Eisschreinen bewahrt.

Mir ist, als würde ich mein Kajak durch den Prunksaal König Artus' und seiner frosterstarrten Ritter ziehen. Immer wieder muß ich mich umdrehen, muß im Gegenlicht den Zauber des Augenblicks aufnehmen. Soll ich eine Filmszene drehen? Nein, ich will diese Bilder mit niemanden teilen! Michi scheint es ebenso zu ergehen. Er, der sonst mit Begeisterung fotografiert, bleibt bei jeder Gelegenheit stehen und blickt nur schweigend zurück. Eine Generation – mehr als dreißig Lebensjahre – trennen uns voneinander und trotzdem sind unsere Empfindungen die gleichen.

Nach zweieinhalb Stunden kommen wir in Küstennähe. Unsere Hoffnung, dort auf besseres Eis zu stoßen, erfüllt sich. Wir müssen nicht mehr kompromißlos über meterhohe Eisklötze, rutschen nicht mehr in schneegefüllte Spalten. Meist bietet sich die Möglichkeit, den ärgsten Bruchzonen auszuweichen. Umwege, die wir gerne in Kauf nehmen.

Um 6.30 Uhr betreten wir erstmals das Festland des Amerikanischen Kontinents. Boothias flache, steinige Küste gleicht einer Mondlandschaft. Ein paar Arctic-Gänse fliegen über uns hinweg, ein Polarfuchs sucht das Weite, sonst nichts Lebendiges.

29. Juni: **Pos. 70° 49,03'N**
92° 46,00'W
Temperatur um 12 Uhr 11° C
um 0 Uhr 6° C

Wer hätte das gedacht! Seit neun Tagen haben wir Windstille. An Stelle des Schnees macht uns jetzt Schmelzwasser das Leben schwer. Jeden Tag werden die Wasserpfützen größer. Aus Angst vor nassen Füßen liefen wir anfangs kreuz und quer. Inzwischen ist uns das völlig egal, auch wenn uns das Wasser bis zu den Knien reicht, gehen wir stur den kürzesten Weg.

Seit Stunden plätschert der Regen seine traurige Melodie auf das Zelt. Am liebsten würden wir den Schlafsack über den Kopf ziehen und die triste Welt draußen vergessen. Unter Erichs und Michis Zelt fließt ein kleiner Eisbach. Ihr Zeltboden hat vom letzten Jahr einige undichte Stellen. Mit Bootsschwamm und

Ewiger Wanderer auf lautlosen Sohlen. Ob im Schlaf oder unterwegs – die Bedrohung durch Eisbären besteht ständig. Vor Tagen riß uns einer ein Stück aus dem Überzelt. Zum Glück konnten wir ihn mit Schreckschüssen vertreiben.

Folgende Seite: Je näher wir Taloyoak (früher Spence Bay) kommen, desto ebener wird das Eis. Nach den extremen Schwierigkeiten der letzten Wochen können wir es kaum fassen, daß es auch Eis ohne Hindernisse gibt.

Socken tunken sie eifrig das unerwünschte Naß auf und befördern es dorthin, wo es hergekommen ist.

Vor uns liegt wieder eine grimmige Etappe. Soweit wir sehen können, nur aufgeworfenes Eis und Wasserpfützen. Von den Küstenbergen rauscht unentwegt Schmelzwasser. Jetzt sind wir fast einen Monat unterwegs und erst hinter der Abernethy Bay. Trotz größter Anstrengungen schaffen wir nicht mehr als 18 Kilometer Luftlinie. Im Zickzack-Kurs der Schollen mögen es in Wirklichkeit etwa 25 Kilometer sein, die wir laufen. Wenn wir das bis zum Schluß durchhalten, wird der Proviant genau bis Taloyoak reichen.

Unmittelbar nach dem Start nehme ich ein unfreiwilliges Vollbad. Auf dem Verdeck des Kajaks sitzend, stochere ich mich mit den Stöcken über eine große Pfütze. Dabei bricht schlagartig das Eis durch, so daß mich der fehlende Widerstand aus dem Gleichgewicht wirft. Ehe ich weiß was geschieht, schwimme ich schon im Eiswasser.

Trotz der Widerwärtigkeiten kommt nie schlechte Stimmung auf. Das gemeinsame Abenteuer verbindet uns zu einer verschworenen Truppe.

Wenn uns jemand gesagt hätte, daß wir nach den eisigen Stürmen und dem kniehohen Pulverschnee nun im Wasser laufen, keiner hätte es geglaubt. Was würden wir jetzt für hohe Gummistiefel geben!

Fast jeden Tag kommen wir an einem frisch abgenagten Robben-Skelett vorbei. Ein Zeichen, daß ständig Eisbären unterwegs sind.

Nanok – Wanderer, nennen die Inuit den

Sir John Ross, für seine Verdienste in den Adelsstand erhoben, war eine der eigenwilligsten Persönlichkeiten im Kreise der Arktisforscher. Bei seiner zweiten Expedition auf der Suche nach der Nordwest-Passage, erkundete er 1829 – 1833 das Prince Regent Inlet. Sein Neffe Clark Ross entdeckte dabei den Magnetischen Nordpol. Den Schlüssel zur Nordwest-Passage fand er jedoch nicht. Nach drei Wintern im Packeis mußte er sein Schiff »Victory« aufgeben

weißen Schneekönig mit Respekt. Unsere Begegnungen mit ihm verlaufen bis auf eine in respektvollem Abstand. Bei dieser einen jedoch ist zum Glück zwischen ihm und uns ein schmaler Streifen offenen Wassers.

Weit größere Probleme als die Eisbären bereiten uns immer wieder die Polyäthylen-Beläge auf den Kajaks. Die kantigen Eisschollen scheuern ständig die Befestigungsriemen durch und reißen die Ösen aus. Volkmars Belag ist dadurch bereits um einen halben Meter kürzer geworden. Auch die Riemchen der Spikes an unseren Schuhen halten nicht länger als drei Tage, dann müssen wir neue darannähen. Über Beschäftigungsmangel nach einer Tagesetappe kann sich keiner beklagen.

Die letzte Meile vor Cape Manson müssen wir uns wieder durch fürchterliche Eisschollen und Wasserlöcher kämpfen. Um die Kaps sind die Eisverwerfungen immer am grimmigsten. Völlig verausgabt und durchnäßt finden wir dafür einen selten schönen Lagerplatz. Zwei 50 Meter große Granitfelsen, von Gletschern wie Schildkrötenpanzer flach abgeschliffen, ragen aus dem Meereis. Darauf liegen einige mannshohe Findlinge. Im spärlichen Moos des Ufers äsen zwei abgemagerte Karibus. Volkmar findet eine angeschwemmte Schiffsplanke. Stammt sie gar von der »Victory«, die hier vor 180 Jahren zugrunde ging?

Ross schreibt in seinem Tagebuch:

»Unser Schiff war jedoch bei verschiedenen harten Kollisionen mit dem Eis an mehreren Stellen leckgeschlagen. Wegen seiner undichten Stellen im Rumpf mußte es früher oder später sinken. Vorsichtshalber schlangen wir eine Kette aus Eisen zweimal um seinen Rumpf, um das Auseinanderfallen der »Victory« zu verhindern. Das Fahrzeug wurde abgetakelt, alle Vorräte an Land säuberlich aufgestapelt. Verluste sollten so weit wie möglich verhindert werden – genauso wie unsere Großmütter jeden Fetzen aufhoben, den sie möglicherweise eines Tages noch gebrauchen konnten. … Es war das erste Schiff, das ich aufgeben mußte, nachdem ich 42 Jahre hindurch auf insgesamt 36 Schiffen Dienst getan hatte. Mir kam es vor, als trennte ich mich von einem alten Freund. An dem Punkte, von dem ich die »Victory« nicht mehr sehen konnte, hielt ich noch einmal an und entwarf eine Zeichnung von diesem traurigen Anblick, der eine melancholische Stimmung verbreitete. Unsere Heimat während der vergangenen vier Jahre lag nun hilflos und gefesselt im ewigen Eis, und es blieb der Zukunft vorbehalten, ihren zerstörenden Einfluß wirksam werden zu lassen. … Das Eis war zu dieser vorgerückten Jahreszeit in einem unbeschreiblich schlechten Zustande. Auf See erblicken wir nur eine feste Masse schwerster Eisblöcke. Selbst Spalten, die wir vor kurzem auf der Eis-Terrasse bemerkt hatten, waren erneut gefüllt und alles bildete eine geschlossene Eismasse.

Das Eis formte eine Art Felsmauer, und man hätte glauben können, daß sich hier nie wieder freies Fahrwasser zeigen würde. Aber in diesem

Sommer, soviel stand jetzt bereits fest, hätte ein derartiger Vorgang unser Schiff, das wir verlassen hatten, nicht befreit. Für uns war diese Beobachtung ein Trost: Es war kein vorschneller Entschluß gewesen, der uns diese Entscheidung treffen ließ, und wir hatten das einzig Richtige getan.«

Wenn ich an Ross und seine Männer denke, bin ich heilfroh, mit einem Kajak unterwegs zu sein. So schwierig unsere Lage auch ist, kommen wir doch immer wieder weiter.

Bei einem kleinen Spaziergang auf dem Festland entdecken wir alte Spuren von Inuit-Jagdlagern. Zwischen ringförmig ausgelegten Steinen, die üblichen Seehund-, Eisbären- und Karibu-Knochen, die jedes Lager zieren. Dazwischen aber auch Raritäten wie Beinmesser und Knochen-Pfeilspitzen. Die Zeiten, als die Inuit noch die Arktis durchzogen, sind lange vorbei.

Knut Rasmussen fand bei seiner berühmten 5. Thule-Expedition, die ihn 1923 im Schlitten durch die Eiswüste der Nordwest-Passage um Alaskas Küste bis zum Ostkap Sibiriens führte, keine intakte Eskimo-Kultur mehr vor. Die 15 000 völkerkundlichen Gegenstände aus allen Gebieten verschiedenster Eskimostämme, die er sammelte und dem Kopenhagener Museum schenkte, geben einen letzten Einblick in das Leben eines einzigartigen Volkes.

Das meiste, was wir über die geistige Kultur der Igloolik-, der Caribou-, der Copper- und Netsilik-Eskimos wissen, verdanken wir diesem großen Forscher. Als er im Oktober 1924 die längste und abenteuerlichste Schlittenreise, die je ein Mensch unternommen hatte, beendete, hatte er eine Strecke um die halbe Erde zurückgelegt. Rückblickend sagte er:

»Ich sehe unsere Schlittenspur im weißen Schnee über den Rand des Erdkreises durch die äußersten Länder der Menschen im Norden hinziehen. Ich sehe die tausend kleinen Wohnplätze, die der Reise ihren Inhalt gegeben haben, und eine große Freude erfüllt mich: wir sind dem Abenteuer begegnet, das immer auf den wartet, der es zu ergreifen versteht, und Abenteuer waren alle unsere bunten Erlebnisse unter dem sonderbarsten Volk der Erde.«

Die Steinringe auf Boothia sind traurige Zeichen einer verschwundenen Kultur. Wie viele Jahre, nachdem Ross an diesen Ufern weilte, mögen die Inuit verschwunden sein? Seine Begegnung mit ihnen beschreibt er sehr anschaulich:

»Die Eskimos waren ebensogut gekleidet wie wir, aber weitaus besser genährt. ... Sie schienen recht reinlich zu sein. Sie trugen ihre Haare kurzgeschnitten und genau geordnet. Die Kleidung war sorgfältig angefertigt und zum Teil mit Fransen aus Sehnen oder mit Schnüren aus kleinen Knochen verziert. Als Schmuck trugen sie Felle von Vielfraßen, Hermelinen und grauen Robben auf der Brust.

Ihre Schlitten waren dagegen kunstlos. Die Seiten bestanden aus Stücken von großen Knochen, die durch ein Fell verbunden waren und zusammengehalten wurden. Die Kreuzhölzer waren aus den Vorderbeinen eines Rentiers gefertigt. Ein Schlitten war nur zwei Fuß, der andere drei bis vier Fuß lang...

Für einen Naturforscher ist es von Bedeutung, zu ermitteln, wie eine kleine, abgesonderte Menschengruppe in einer so unfruchtbaren und menschenfeindlichen Gegend nicht nur bestehen kann, sondern sich auch noch vollkommener Gesundheit und Kraft erfreut. Sie wirkten wohlgepflegt und hatten alles, was man hier als Reichtum bezeichnet.«

Nach dieser ersten Begegnung entwickelte sich zwischen der Besatzung der »Victory« und den Inuit ein herzliches Verhältnis. Wie später auch Amundsen, versorgten sie die Expedition im Tauschhandel mit reichlich Fleisch und Fisch sowie der unübertrefflichen Fellkleidung. Mit einer recht originellen Tat mag John Ross den Inuit lange in Erinnerung geblieben sein, als er einem Jäger, dem ein Eisbär das Bein abgebissen hatte, eine Prothese anfertigen ließ.

»Am nächsten Tag erschien der verstümmelte Eskimo erneut und berichtete, daß alle Männer auf Robbenfang gezogen seien. Das versprochene Holzbein war inzwischen fertig, wurde sofort angepaßt und auf seinen Wert geprüft. Der Verstümmelte spazierte in der Kajüte herum, war offensichtlich begeistert und hatte auch allen Grund dazu sich zu freuen.

Nicht der Chirurg, sondern der Zimmermann hatte das nützliche Werk vollbracht, das so vollständig gelungen war. Kaum eine Anstrengung der Arzneikunst hat jemals mehr Zufriedenheit hervorgerufen. Hier wurde ein Mensch wieder

Erschöpft und enttäuscht zog hier die Mannschaft der britischen Ross-Expedition 1832 in die entgegengesetzte Richtung, um sich zum Lancaster Sound durchzuschlagen. Sie hatte ihr Schiff »Victory« in der Eispressung aufgeben müssen.

vollkommen arbeitsfähig und ein nützliches Mitglied seiner Gemeinschaft.

Das Holzbein wurde noch mit dem Namen unseres Schiffes gekennzeichnet. Wir packten seinen neuen Besitzer in den Schlitten, denn für einen Marsch von zwei Meilen hatte er noch zu wenig Übung, und trennten uns als die besten Freunde der Welt.«

1. Juli:
Wir haben unsere Zelte zwischen den Inseln vor Cape Allington aufs Eis geschraubt. Nach nur sechs Stunden Marsch hätten wir eigentlich noch weiter ziehen müssen, doch bei Volkmars Kajak-Belag sind alle Befestigungsriemen ausgerissen. Die letzte halbe Stunde versuchte er es ohne ihn; die Mühe ist unvergleichlich größer, so daß wir beschließen, früher zu lagern. Während wir dem Belag neue Ösen verpassen, klettert Michi in die senkrechte Wand der nahen Insel, in der Hunderte von Möwen lärmen. Ich muß zeitweise die Augen schließen, so halsbrecherisch klettert er mit den klobigen Plastikschuhen im kotgekalkten, schmelzwassernaßen Fels herum.

Seine Annäherung löst ein heftiges Schneegestöber von flatternden und kreischenden Vögeln aus. Nach alter Inuitart konfisziert Michi von jedem Nest ein Ei. Herrliche Dinger, groß wie Enteneier. Die Möwen mögen ihm diesen Mundraub verzeihen. Je zwei Eier ließ er ihnen ja noch in den Nestern. Auf indirekte Weise beschert uns Volkmars abgerissener Belag ein Festmenü. Erichs legierte Eiersuppe und Speck mit Rührei könnten sich in jedem Firstclass-Hotel sehen lassen.

Nach den Anstrengungen mancher Etappe fallen die Tagebucheintragungen sehr spärlich aus.

2. Juli – 12:20 Uhr **Pos. 70° 23,43' N**
91° 47,66' W
7° C

Knietiefe Pfützen – Eisverhau.
10 Stunden marschiert, 10 Stunden nasse Füße.

3. Juli – 10:30 Uhr **Pos. 70° 13,05' N**
91° 34,28' W
5° C

7 Stunden unterwegs, erstmals wieder offenes Wasser.

4. Juli – 9 Uhr **Pos. 70° 08,43' N**
91° 44,49' W
2° C

Endlich einmal halbwegs ebenes Eis.
Regen.

Leichter Nieselregen aus einem schmutzigen Putzlappenhimmel taucht die ganze Welt in melancholisches Grau. Auf dem wäßrigen Eis wandern ein paar verlorene Karibus. Mit ihrem regennassen, halb zerschlissenen Winterfell sehen sie recht räudig aus.

Zwischen dem Festland und dem Coutts Lindsay Island ist wieder offenes Wasser. Mit mindestens 8 Kilometern in der Stunde schießt es unter dem Eis hervor. Der Flutstrom ist hier unglaublich reißend. Wir paddeln das kurze offene Stück und müssen höllisch aufpassen,

Im Frühsommer ziehen Karibus vom Festland auf die Inseln. Mit sicherem Instinkt wandern sie über das Eis. Oft folgen hungrige Wölfe ihren Spuren.

Wieder einmal ist einer von uns ins Wasser gefallen. Diesmal hat es Erich erwischt. Die Gezeitenströmung nahe den Capes ist besonders stark und heimtückisch: In Sekundenschnelle zieht sie einen unter das Eis.

daß wir am Ende nicht unter das Eis gezogen werden. – Das wäre wirklich das Ende! Kein Mensch würde uns je wiederfinden.

Anschließend müssen wir über zahlreiche offene Stellen, in denen das Wasser wirbelt. Trotz aller Vorsicht fällt Erich hinein, kann sich aber geistesgegenwärtig an der Eiskante festhalten. Glücklicherweise kommt er mit eigener Kraft wieder heraus. Da er durch den Hüftgurt mit dem Kajak verbunden ist, hätten wir ihn auch retten können. Auf diesen Schreck hin gönnen wir uns heute den letzten Nachtisch: Erdbeer-Creme mit einem Löffel Rum.

Je näher wir Taloyoak kommen, umso freier, aber auch dünner wird das Eis. Um nicht einzubrechen, setzen wir uns in die Boote und schieben mit den Stöcken. Auf diese Weise können wir die problematischsten Teile überwinden. Mit den offenen Abschnitten haben wir keine Schwierigkeiten. Einzig vor dem Ein- und Aussteigen müssen wir mit größter Vorsicht die Randzonen des Eises auf ihre Tragfähigkeit prüfen.

Volkmars 26. Geburtstag ist Anlaß zu einer kleinen Tee-Party. Um ihm diesen Tag in gebührender Weise zu versüßen, habe ich aus meinen Tagesrationen der letzten Wochen zwei »Snickers« aufgespart. Ein unbedeutendes Geschenk, dem jedoch die Ausgesetztheit der Eiswüste und die wochenlangen Entbehrungen höheren Wert verleihen.

Der Fjord zum Ausfluß des Middle Lakes hat herrlich ebenes Eis. Die steilen Felswände, mit gelber und grüner Flechten-Patina, flachen zum See hin allmählich ab. Zwei kleine Rapids und unmittelbar vor dem See eine ein Meter hohe Stufe müssen wir hochtragen.

Der erste Grasbewuchs ist für uns, die wir in letzter Zeit immer nur Eis sahen, ein kleines Wunder. Die zwei Kilometer vom Fjord zum Middle Lake tragen lebhafteste Spuren früherer Besiedelung. Unmittelbar am zweiten Rapid steht verfallen und moosüberwuchert eine ganze Siedlung von Erdgrubenhäusern aus der Thule-Kultur. Zahlreiche »*Inukshuk*« – Steinmänner, die zur Karibu-Jagd aufgeschichtet wurden – finden sich weit im Umkreis.

Mit dem Wal-Reichtum um das Prince Regent Inlet, den zahllosen Lachsen im Middle Lake, den Karibus und Moschusochsen im Hinterland, sowie den ungezählten Wasservögeln, dürfte es kaum einen gesegneteren Platz für die Jäger in der Arktis gegeben haben. Am liebsten würden wir einige Tage bleiben. Wie die Erde duftet! Erst jetzt fällt uns auf, daß außer unserem eigenen Mief auch noch andere Gerüche existieren. Im Eis ist alles steril, erstarrt. Wenn du seinen eisigen Hauch atmest, gibt einzig die Kälte kraftvolle Würze. Ja, Kälte als Aura des kosmisch Unnahbaren – aber ohne Geruch.

Wir sind wieder heimgekehrt zum Lebendigen, zum Duft der Moose, Gräser und des Wassers. Die letzten beiden Tage haben wir es nicht mehr eilig. Das Eis auf dem Middle Lake ist wie eine Autobahn. Locker könnte man darauf 50 Kilometer am Tag marschieren. Unsere Kajaks sind leicht – der letzte Bissen Proviant ist verzehrt.

Am Ende des Sees werden Hütten sichtbar, die Sommerbehausungen der Inuit von Taloyoak. Während wir auf sie zuwandern, steigen sentimentale Empfindungen in mir hoch, drängen die Freude, das Ziel erreicht zu haben, in den Hintergrund. Ich werde die Tage der Einsamkeit vermissen. Dieses Aufbrechen in das Unbekannte, das Ausgesetztsein, die Mühen, den Schweiß, das Atmen in der Reinheit und die Geborgenheit des kleinen Zeltes werden mir fehlen. Aber auch eine große Dankbarkeit erfüllt mich. Wie leicht hätte uns das Eis zermalmen können. Satelliten-Navigation und Funk geben nicht die geringste Garantie, daß man nicht irgendwo spurlos verschwindet. Wenn je eine Fahrt unkalkulierbare Risiken birgt, dann die mit dem Kajak im Eismeer.

Der einzige Schwachpunkt unserer Expedition sind die Polyäthylen-Beläge unter den Kajaks. Aus Gewichtsgründen haben wir sie aus sehr dünnem Material gefertigt – zu dünnem: Die Ösen der Befestigungsriemen reißen allzu leicht aus.

Ein schmaler Fjord führt zur Landenge von Boothia. Auf ihm zogen bereits vor Jahrhunderten die Inuit mit ihren Kajaks vom Peel Sound zum Prince Regent Inlet.

Für ein Schiff ist die Landenge von Boothia unpassierbar. Wir dagegen brauchen unsere Kajaks nur umzuheben, um über den Middle Lake nach Taloyoak und damit auf die Westseite der Boothia Peninsula zu gelangen.

Nach 40 Tagen Einsamkeit – und mit dem letzten Bissen Proviant – erreichen wir glücklich die Hütten von Taloyoak.

Wieder ist es eine heiße Dusche, auf die wir uns am meisten freuen. Wir ranzeln alle ganz schön. Salmiak-Fluidum nennt es Erich. Den Unterhosen und Socken ist neben den zerschlissenen Schuhen ein Ehrenplatz im Müll gewiß. Dafür fühlen wir uns körperlich frisch und gesund. Außer einigen Frostbeulen an den Händen fehlt uns nicht das Geringste. Unsere Paddel sehen noch wie neu aus. Kein Wunder, wir sind ja kaum 200 Kilometer damit gepaddelt.

Das Süßwassereis hat eine völlig andere Struktur als das Meereis. Faustgroße Kristallpakete sind büschelweise zusammengefroren, dadurch ist die Oberfläche ziemlich rauh. Trotz des Regens bildet sich auf dem Eis seltsamerweise kaum Wasser.

Als wir zu viert nebeneinander zu den Hütten kommen, eilen neugierige Gestalten heraus, aber noch schneller als sie herausgekommen sind, verschwinden sie wieder. Wir können uns das eigenartige Verhalten nicht erklären, bis sie mit gezückten Video-Kameras wieder erscheinen, um uns wie Exoten aus einer anderen Welt zu filmen.

Wie haben sich die Zeiten geändert! Da kommen wir, wie einstmals ihre Väter, mit Kajaks aus der Eiswildnis und sie empfangen uns mit Neuheiten der Zivilisation. Die Situation ist überaus komisch, so daß wir schallend lachen müssen. Fröhlich, wie die Inuit sind, stimmen sie lautstark darin ein. Womit bereits der beste Kontakt hergestellt ist.

Mit ungewöhnlich großem Interesse begutachten sie unsere Ausrüstung und filmen dabei wieder eifrig. Ein junges Inuit-Ehepaar mit

zwei Kindern lädt uns zu einer Tasse Tee ein. Ihre Hütte ist mehr als ärmlich. Sie besteht aus einer zwei auf drei Meter großen Sperrholzkiste, die mit einer weißen Plane gedeckt ist. Vier Schlafplätze, ein Benzinkocher und einige Pappkartons bilden das Mobiliar. Sie erzählen uns, daß sie den ganzen Winter hier verbracht haben. Ja, sie hätten auch noch eine bessere Hütte in Taloyoak, aber hier draußen am See wären sie lieber. Auf unsere Frage, von was sie leben, deuten sie auf den See. Fischen, Jagen und was der Kanadische Staat an Sozialhilfe gibt. Es reicht für Gewehr, Skidoo und Video. Ihr Mann macht *Carvings* – Schnitzereien aus Bein und Speckstein, bemerkt die Frau etwas schüchtern, damit verdient er sich immer etwas dazu. Mit sichtlichem Stolz wickelt sie eine wunderbare Speckstein-Arbeit aus einem Hasenfell. Ihr Mann stellt die einzelnen Teile zusammen. Einen Stein mit einer flachen Mulde als Nest, mit ein paar Eiern und einem Eistaucher darauf, dessen Schnabel aus dem Elfenbein eines Narwals gefertigt ist. Das kleine Kunstwerk ist in seiner steingeformten Schlichtheit ungemein ausdrucksstark. Erich erwirbt es für 80 Dollar als Erinnerung an diese Expedition.

Bei Dave Mackford, dem Regierungsbeauftragten für Soziales in Taloyoak, genießen wir nach 43 Tagen die erste Dusche. Von ihm erfahren wir einige interessante Dinge über die Probleme der Inuit im hohen Norden. Im Gegensatz zu Resolute, das durch das Radar-Frühwarnsystem der USA als künstlicher Wohnort aus dem Boden gestampft wurde und wohin die Inuit anderer Distrikte mit Versprechungen gelockt wurden, war Taloyoak von jeher bewohnt. Trotz der Sozialhilfe sind die Inuit dort Jäger geblieben. Dadurch haben sie weitgehend ihre Identität bewahrt. Außerdem wirkt sich positiv aus, daß es im ganzen Ort keinen Alkohol zu kaufen gibt. Natürlich kommt durch die Flugverbindung dann und wann etwas Alkohol hierher. Den Inuit fehlen aber meist die Mittel ihn zu erwerben, denn die Kanadische Regierung gibt ihre Sozial-Zuwendungen größtenteils in sachbezogenen Gutscheinen – für Ausrüstung, Kleidung und Essen. Wir begegnen auch keinem einzigen vom Alkohol gezeichneten Menschen in Taloyoak, was eindeutig für das Gutschein-System spricht.

Unser Wunschziel, Gjoa Haven, müssen wir auf nächstes Jahr verschieben. Um weiterzuziehen bräuchten wir unbedingt neue Beläge und neue Schuhe. Zudem ist unser Proviant aufgebraucht.

Hinter einer kleinen Hütte, neben dem Flughafen-Gebäude der *FIRST AIR*, motten wir unsere Kajaks bis zur nächsten Etappe ein.

Taloyoak, auf den meisten Karten noch als Spence Bay eingezeichnet, unterscheidet sich kaum von anderen Orten in der Kanadischen Arktis. Bereits in früheren Zeiten, als die Inuit noch als Nomaden unterwegs waren, war Taloyoak beliebter Aufenthaltsort. Der Walfang im Golf von Boothia und der Fischreichtum der großen Seen zog die Jäger hierher.

Zur Schicksalsinsel der Franklin-Expedition

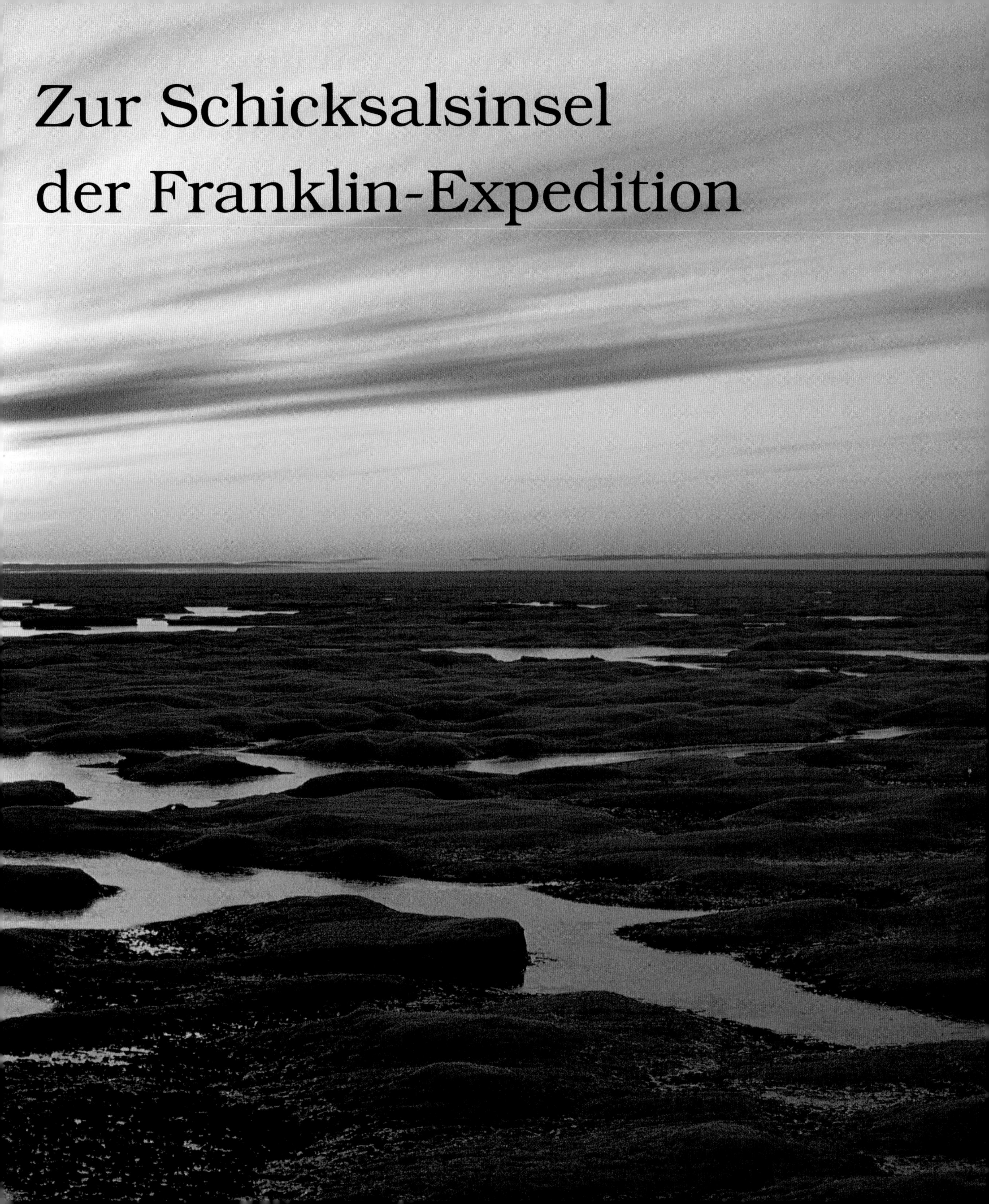

Im Sommer 1993 setzen wir unser Unternehmen fort. Michi ist wieder dabei; neu ist Christian Breckle, ein Biathlet aus dem Allgäu. Im Norden ist alles unkompliziert. Am Rande der Flugpiste von Taloyoak können wir uns für die nächste Etappe vorbereiten.

Taloyoak, 20. Juni 1993

Unfaßbar, wie schnell ein Jahr vergeht. Mir scheint, als hätte ich den Ort erst vor wenigen Tagen verlassen, da finde ich mich schon wieder hier. Michi ist abermals dabei und Christian Breckle aus dem Allgäu. Mit ihnen will ich die Expedition durch die Nordwest-Passage fortsetzen. Schade, daß Mike, Volkmar oder Erich nicht dabei sind, doch sie konnten aus beruflichen Gründen nicht weg. Christian wird sie würdig vertreten; er hat Expeditions-Erfahrung, und als Biathlet ist er bestens austrainiert. Beinahe wäre er in letzter Minute abgesprungen, denn die »Traumfrau« seines Lebens lief ihm über den Weg. Die Entscheidung, ob heiße Liebe oder kalte Arktis, bereitete ihm schlaflose Nächte. In Anbetracht dessen, daß Trennung die Liebe steigert, ist er mitgekommen.

Hinter der kleinen Hütte am Rollfeld finden wir unsere Kajaks, lehmverschmiert, ansonsten aber völlig in Ordnung. Nachdem wir nur zu dritt sind, senden wir das überflüssige Boot per Luftfracht zu Bezal nach Resolute. In seiner Garage dürfte es besser aufgehoben sein.

Das Eis ist heuer dünn wie nie. Wollte sich ein Schiff durch die Nordwest-Passage wagen, hätte es in diesem Sommer am ehesten Erfolgschancen. Unser nächstes Etappen-Ziel wird Gjoa Haven, der ehemalige Winterhafen Roald Amundsens, sein. Luftlinie gerechnet sind es bis dorthin nur 100 Kilometer. Die Inuit fahren diese Strecke im Winter und im Frühjahr mit ihren schnellen Skidoos in zwei Tagen. Wenn dagegen im Sommer der Sturm das Eis bricht und von Norden ein endloser Strom von Packeis einsetzt, wird die Strecke für jeden Schlitten unpassierbar. Um diese Jahreszeit würde sich kein Inuk mehr mit einem Fahrzeug aufs Eis begeben.

Jetzt mit dem Kajak hinaus aufs Meer zu gehen kommt einer Gratwanderung gleich, einem Balanceakt ohne die Sicherheit eines Netzes. Was treibt uns aber hinaus? Es gibt nichts mehr zu gewinnen. Wir könnten höchstens der Reise ein medienwirksames Mäntelchen umhängen, könnten auf die zerstörte Eskimo-Kultur, auf das Ozonloch, die Luftverschmutzung oder sonst noch etwas hinweisen.

Nur, welcher Inuk möchte aus der elektrisch beheizten Hütte zurück in den Iglu seiner Vorfahren? Welcher Autofahrer wird wegen unserem Motto nur einen einzigen unnötigen Kilometer weniger fahren? Wenn wir uns in Grenzbereiche hineinbegeben, dann einzig um unserer selbst willen. Hier, wo eine unerbittliche Natur gnadenlos alles Leben in engen Schranken hält, öffnet sich das enge Gefängnis deiner Gedanken und die Sinnfragen des Lebens bedrängen dich.

Erst einmal beschäftigen uns die letzten Vorbereitungen. Den Kurzwellen-Funk vom Airport abholen, den uns Bezal aus Resolute geschickt hat. Sprit für den Kocher besorgen und Gummistiefel kaufen. – Ja, diesmal gehen wir mit Gummistiefeln, das haben wir uns nach den wochenlangen nassen Füßen im letzten Jahr geschworen. Sogar die Inuit sind im Sommer mit nichts anderem draußen. Für 40 Dollar können wir von ihnen handgenähte Filz-Innenschuhe kaufen. Damit sind wir mit Sicherheit besser ausgerüstet als bisher, mit den steifen, niedrigen Tourenschuhen.

Die Formalitäten bei der *Royal Canadian Mounted Police* sind schnell erledigt. Wir füllen einen kurzen Fragebogen aus, tragen die Frequenzen unseres Funks ein, die Anzahl und Farben der Kajaks und Zelte und machen Angaben, wie lange wir bis Gjoa Haven unterwegs sein werden: Sicherheitstage einbezogen, rechnen wir mit maximal zwölf Tagen. Das mag für 100 Kilometer Luftlinie viel erscheinen. Nur kennen wir inzwischen die Sommerverhältnisse im Eismeer gut genug, um zu wissen, daß wir grundsätzlich mit dem Schlimmsten rechnen müssen. Mit gewaltigen Umwegen im brüchigen Eis, oder noch schlimmer, daß wir tagelang hilflos im Packeis festsitzen.

Mit der üblichen Ausrüstung, mit Lebensmitteln und Brennstoff für 20 Tage in den Kajaks, ziehen wir los. Bald ist die flache Küste von Taloyoak nur noch ein feiner Streifen am Horizont.

Im Vierundzwanzig-Stunden-Gang zaubert die Sonne alle Stimmungen des Tages in den Himmel. Wir sind glücklich, wieder unterwegs zu sein. In zwei bis drei Wochen wäre das Wasser offen, wir könnten paddeln. Wir wollen nicht so lange warten. Dieses Wandern über das Eis fasziniert in besonderer Weise. Eine Faszination, die tödlich sein kann. Der nächste Sturm wird alles zerschlagen. Die Eisdecke trägt kaum mehr. Kleinste Spuren von Schmutz absorbieren das Sonnenlicht und schmelzen unzählige Narben in die Oberfläche. Nichts ist statisch!

Du gehst über ein Meer, dessen Wellenschlag die Kälte nur verlangsamt hat. Alles bewegt sich, der Boden – die Luft. Sie spiegelt dir Eisberge vor, die nicht existieren. Traumbilder steigen auf und verwischen die Konturen der Realität.

Irgendwie fühlen wir uns alle etwas elend. Seit Taloyoak plagt uns Übelkeit und Durchfall. Vermutlich war das Wasser dort nicht in Ordnung. Noch stehen wir nicht unter Zeitdruck. Es genügt, wenn wir nur sechs Stunden am Tag ziehen. Das Eis legt uns im Vergleich zum letzten Jahr wenig Hindernisse in den Weg. Nur die dünngewordenen, unbegehbaren Abschnitte zwingen uns größere Umwege auf. In sechs Tagen haben wir darum auch nur die halbe Wegstrecke nach Gjoa zurückgelegt.

Unsere hüfthohen Gummistiefel sind ein absolutes Novum. Wir laufen damit einfach durch alle Pfützen, als würden sie überhaupt nicht existieren. Chris hat es schwerer, seine Stiefel reichen nur bis zu den Knien. Doch ihre fehlende Höhe gleicht er mit gewaltigen Känguruh-Sprüngen aus. Unsere Gummistiefel bewahren uns leider nicht vor einem kalten Bad. Nachdem Michi ins Eis eingebrochen ist, endet mein Rettungsversuch ebenfalls im Wasser. Zum Glück sind die Kajaks wie Rettungsinseln, an denen wir uns hochziehen können. Eigentlich sollte ich eine solche Situation einmal filmen. Leider stellt sich für einen nachträglichen »Stunt« keiner zur Verfügung.

Die Eisdecke ist dünn und löchrig. Kein Inuit wagt sich um diese Jahreszeit hinaus. Selbst uns droht höchste Gefahr. Jederzeit kann der Sturm ein Inferno berstender Schollen auslösen.

29./30. Juni:

Am »De la Guiche Point« legen wir einen Wasch- und Wandertag ein. Die kleinen Moostümpel mit einer Wassertemperatur von 8° C

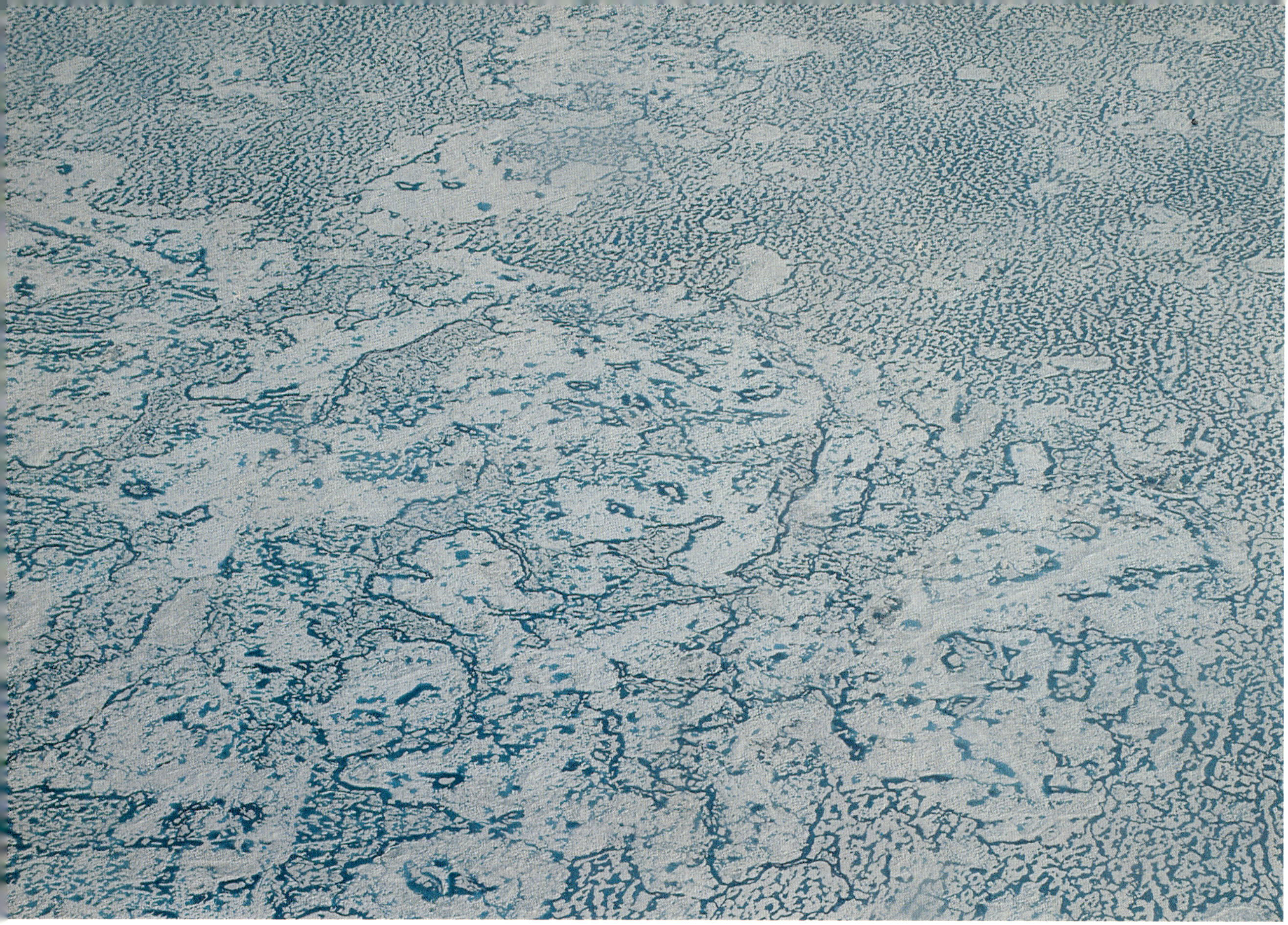

Der Winter von 1992 auf 93 war ungewöhnlich mild, und dieser Sommer ist für arktische Verhältnisse warm. Höchstens alle zwanzig Jahre stellt sich eine Kombination dieser Art ein. Nur in solchen Jahren hat ein Schiff eine Chance, durch die Nordwest-Passage zu gelangen. Vom Flugzeug aus zeigt sich die Eisschmelze in unzähligen kleinen Tümpeln.

kann man fast als »warm« bezeichnen. Das ist hier Badesaison!

Nach dem reinigenden Bad lassen wir uns von der Sonne trocknen. Durch die klare Luft ist ihre Einstrahlung ähnlich intensiv wie im Hochgebirge. Bei nur 6 Grad Lufttemperatur empfinden wir ihre direkte Strahlung in der Windstille fast schon als heiß.

Bei unserer Wanderung kreuzen wir keine einzige Wildfährte. Ein paar Küstenseeschwalben tauchen mit kühnem Sturzflug im schmalen offenen Streifen vor der Küste nach fingerlangen Fischchen, sonst ist alles wie ausgestorben. Auch als wir weiter ziehen, um über die Rae Strait nach King William Island hinüberzuqueren, taucht nicht einmal für einen flüchtigen Moment der Kopf einer Robbe aus einem der unzähligen Wasserlöcher. Nirgendwo liegt ein Robben-Skelett auf dem Eis, das auf Eisbären hindeuten würde. Erst als wir Beads Island betreten, stehen wir unvermittelt wieder Leben gegenüber.

Die Insel zwischen der Ostküste von King William Island und dem Kanadischen Festland ist ein einziges Vogelparadies. Ringelgänse, Eiderenten, Raubmöwen, Küstenseeschwalben und ein paar Sandstrandläufer nisten in friedlicher Gemeinschaft. Um ihr Brutgeschäft nicht zu stören, schlagen wir abseits im Schotter unsere Zelte auf. Unser Erscheinen ruft sofort Aufregung und Geschnatter hervor, das sich aber schnell wieder legt, da wir uns ganz ruhig verhalten. Langsam schlendern wir um die Insel. Sie mißt höchstens fünfhundert Meter im Durchmesser. Der Uferstreifen besteht aus blankgescheuertem Kalkstein-Schotter. In

den windgeschützten Mulden wächst Moos. An einigen Stellen, jahrzehntelang vom Kot der Vögel gedüngt, sogar Gras, besonders um zwei flache Tümpel, in denen Eiderenten und Ringelgänse paddeln. Die Beobachtung der Vogel-Kolonie fesselt uns so sehr, daß wir noch einen weiteren Tag bleiben.

So friedlich, wie es anfangs den Anschein hatte, geht es auf der Insel nicht zu. Vor allem die Möwen sind arglistige Räuber. Sie stürzen sich sofort auf die Eier eines unbewachten Nestes, um sie aufzuhacken. Eine ganze Reihe von Eiderenten-Nestern sind bereits ausgeplündert. Bei den Ringelgänsen verteidigt ständig ein Partner das Nest, während der andere brütend über den Eiern sitzt. Mit furchtlos akrobatischen Flugattacken verteidigen die Küstenseeschwalben ihre Brutplätze gegen die Raublust der großen Möwen. Michi sammelt mit Hingabe die Eider-Daunen der verlassenen Nester ein. Schließlich hat er so viele beisammen, daß sie zur Füllung eines Schlafsackes reichen würden. Um ihre sprichwörtliche Isolier-Qualität am eigenen Leib zu testen, setzt er sich nackt und bloß in den wärmenden Flaum. Die Enten machen große Augen über die brütende Konkurrenz, während Chris und ich darüber spotten, ob er sich nicht in den drei Eismeer-Expeditionen einen »Arctic-blackout« geholt hat. »Bushed« – nennen es die Kanadier auch, wenn sich jemand durch zu langes Alleinsein die Sinne etwas verwirrt hat.

Vom zehn Meter hohen Schiffahrts-Peilzeichen aus, können wir den schmalen Küstenstreifen von King William Island ausmachen. Überall blitzt offenes Wasser, das Eis ist

Nach den Erfahrungen der vergangenen Jahre haben wir uns Gummistiefel zugelegt. Schon bald stellt sich heraus, daß sie für diese Verhältnisse optimal sind.

Leider verlaufen die Risse im Eis nie in der gewünschten Richtung.

größtenteils bereits unbegehbar geworden. Wir müssen unbedingt zusehen, daß wir hinüber nach King William Island kommen.

Ehe wir losziehen, versuchen wir die RCMP in Taloyoak anzufunken, um unsere Position durchzugeben. Eigenartigerweise meldet sich in Taloyoak niemand. Daraufhin probieren wir es auf der Hunter-Frequenz. Auf ihr kommt uns ein Gewirr von unverständlichen Inuktitut (Eskimosprache) entgegen. Leider können wir uns nicht verständlich machen.

3. Juli:
Kurz vor Mitternacht marschieren wir los. Zum Gehen ist uns der tiefe Sonnenstand lieber, wir schwitzen dabei weniger. Obwohl uns das Eis keine unüberwindlichen Hindernisse in den Weg legt, kommen wir extrem langsam voran. Auf den Kajaks sitzend, stochern wir uns mit den Stöcken weiter. Laufen ist bereits unmöglich geworden und selbst mit den Stöcken brechen wir immer wieder durch. Zum Glück wird das Eis nach einigen Kilometern fester, so daß wir zwischen den offenen Stellen wieder laufen können.

Langsam schiebt sich von Norden ein feines Wolkengespinst über den Horizont. Die Mitternachtssonne, diese große Magierin, hüllt sich in Purpurseide. In tausend Pfützenaugen glüht ein brennender Himmel. Lichtzauber und lauernde Ruhe! Ist es ein Sturmsignal? Seit zwölf Tagen herrscht Windstille. Wie lange noch? Hier draußen, mitten im brüchigen Eis, sind wir so hilflos. Wir ziehen, paddeln und stochern – stundenlang.

Goldgelb steht die Sonne im Süden und wir

11. Juli:
Über staubigen Schotter, abwassersumpfige Tundra, vorbei an einer qualmenden Müllhalde und drei neuen Öltanks, laufen wir am Morgen die 3 Kilometer nach Gjoa Haven hinein.

Bei Jakob können wir endlich nach Hause telefonieren. Ediths Stimme ist völlig gebrochen. Ja – sie war ständig mit Bezal in Kontakt. Sie erfuhr durch ihn von dem wahnsinnigen Sturm, der das Eis brach, unbegehbar machte, und daß auch Paddeln nicht mehr möglich war. Von der RCMP in Taloyoak wurde Bezal verständigt, daß die drei Männer in Gjoa Haven nicht eingetroffen seien und vermißt werden. Kein Funkspruch auf allen Frequenzen. Auch Bezal befürchtete das Schlimmste. In Absprache mit Edith wollte er am nächsten Tag eine Suchaktion einleiten.

»Wir sind alle in Sicherheit – Michi, Chris – alle!« Ediths angestaute Angst löst sich mit einem Schluchzen.

Per Telefon setzen wir uns sofort mit Bezal in Verbindung, ehe er etwas zu unserer Suche unternimmt. Bezal ist spürbar erleichtert, von uns zu hören. Auch ihm ist es ein Rätsel, weswegen kein Funkkontakt zustande kam. Wir vereinbaren mit ihm einen Testfunk um 22 Uhr. Dann melden wir uns noch bei der RCMP; dort ist man gelassen. Wenn jemand in die Wildnis geht, muß er die Konsequenzen selbst tragen. Weil uns das Funkproblem ärgert, gehen wir noch zur Hunter-Association hinüber. Dort hat man tatsächlich unsere »Blindmeldungen« empfangen, aber leider versäumt, sie weiterzugeben.

Der Funktest am Abend mit Bezal verläuft erneut negativ. Mit Akribie sehen wir daraufhin unser Gerät durch. Vielleicht hat sich ein Frequenz-Quarz gelockert? Nein, die Quarze sitzen alle fest. Da fällt uns eine winzig kleine Oxydationsbrücke an der Stromzufuhr auf. Sie könnte der Grund für die unzureichende Reichweite gewesen sein. Nachdem wir sie entfernt haben und neue Batterien einsetzten, kommt die Verbindung mit Resolute zustande.

Elf Tage verbringen wir in Gjoa Haven und lassen Zeit und Sonne für uns arbeiten. Jeden Tag wird das Eis weniger, Amundsens Überwinterungshafen ist sogar schon völlig eisfrei.

Größtenteils sind wir mit den Inuit zusam-

Wie überall auf der Welt hat sich auch hier die europäische Kleiderkultur etabliert. In den Kindern, die sich zum Glück wenigstens ihre unbekümmerte Fröhlichkeit bewahrt haben, leben die Traditionen nicht mehr fort.

Heute leben in Gjoa Haven etwa 1500 Menschen. Die Inuitkünstler der kleinen Siedlung sind weltbekannt.
Judas Ullulaq ist einer der größten Künstler des Nordens. Seine ausdrucksstarken Skulpturen stehen in vielen Galerien und Museen.

Roald Amundsen (ganz links) mit der erfolgreichen Mannschaft der »Gjøa«. Nach drei Überwinterungen in der Arktis erreichten sie 1906 Nome in Alaska. Damit waren sie die ersten, denen es gelang, die Nordwest-Passage mit einem Schiff zu durchfahren.

men. Um zeitgemäß zu sein, müßte ich an dieser Stelle sozialkritische Äußerungen über das Leben der Inuit in ihren vom Kanadischen Staat erstellten, stereotypen Wohn-Containern geben. Müßte von ihrem bedauernswerten Leben berichten, zu dem sie verurteilt sind, seit unsere Zivilisation sie ihrer Kultur beraubt hat. Aber ich empfinde die Häuser weit weniger stereotyp, als den Einheitsbeton unserer Städte, und das Leben der Menschen hier nicht mit größeren Problemen behaftet als mein eigenes. Ich sehe die freundlichen, gelösten Gesichter und freue mich mit ihnen beim Lachsfang.

Wir besuchen Judas Ullulaq, der glücklich und zufrieden zwischen alten Schlitten, Motorteilen und Skidoos vor seiner Hütte hockt und alte Walknochen bearbeitet. Er, der große Inuitkünstler des Nordens, dessen einzigartige Skulpturen in vielen Galerien der Welt stehen, der in Brüssel, New York und Paris war, hat für die verrückte Welt draußen nur ein Kopfschütteln. Dort leben? Nein, leben will er nur hier!

Seit Roald Amundsen bei seiner denkwürdigen Fahrt durch die Nordwest-Passage in der kleinen Bucht Schutz fand, ist Gjoa Haven ständig von Inuit bewohnt. Als Amundsen nach 23 Monaten Aufenthalt am 13. August 1905 zur Fortsetzung der Passage wieder auslief, hatten sich etwa zweihundert Inuit angesiedelt.

Amundsens späterer Erfolg bei der »Eroberung« des Südpols war in erster Linie den Erfahrungen zuzuschreiben, die er sich in den beiden Wintern auf King William Island aneignete. Auf seinen Schlittenreisen zum Magnetischen Nordpol und nach Victoria Island erlernte er erst den richtigen Umgang mit Huskies und Schlitten. Seinen exzellenten Lehrmeistern, den Inuit, deren Überlebenstechniken und Pelzbekleidung er übernahm, ist ein großer Anteil seiner Erfolge zuzuschreiben.

Ohne die Unterstützung der Inuit wäre manche Arktis-Expedition weit problematischer verlaufen. Das mußte auch John Franklin 1846, nach dem Desaster seiner Schiffe »Erebus« und »Terror« im Eis vor King William Island, erfahren. Wären ihm so viele Inuit wie Amundsen hilfreich zur Seite gestanden, hätte es höchstwahrscheinlich Überlebende gegeben. Wenige Ereignisse in der Arktis haben die Menschen so nachhaltig bewegt, wie das Geheimnis der Franklin Tragödie. Generationen von Journalisten und Schriftstellern fanden darin unerschöpflichen Stoff für abenteuerliche Geschichten.

Wie sehr die Franklin-Expedition sogar heute noch die Menschen beschäftigt, beweist das jüngste Interesse eines amerikanischen Anthropologen, Dr. Owen Beattie, welcher drei im Permafrost konservierte Männer der Franklin Mannschaft exhumierte. Das Ergebnis seiner Untersuchungen brachte nachträglich etwas Licht in das Geheimnis um das Scheitern der Expedition. Es war das heimtückische und kaum bekannte Gift »Blei«, mit dem die Konservendosen verlötet waren, das die Männer derart schwächte, daß sie schnelles Opfer jeder leichten Erkrankung werden konnten.

John Geiger schreibt in seinem Buch *Der eisige Schlaf:*

»Es besteht durchaus die Möglichkeit, daß auch John Franklin direkt oder indirekt an den Folgen einer Bleivergiftung starb. Es ist eine traurige Ironie des Schicksals, daß Franklins machtvolle Expedition, mit Sicherheit eine der größten Forschungsreisen zur See, die je stattfand, die mit allem ausgestattet war, was die aufstrebende Industrie und der Erfindergeist jener Zeit zu bieten vermochten, ausgerechnet von einer dieser Erfindungen tödlich getroffen wurde.«

Franklin erkannte mit Sicherheit bereits zu Anfang seiner Expedition die Problematik der

mitgeführten Konserven, denn die Suchexpeditionen fanden auf Beechey Island, Franklins erstem Winterlager, hunderte aufgeschlagener Dosen, deren Inhalt unberührt war.

In Gjoa Haven denkt heute niemand mehr an die dramatischen Begebenheiten bei der Suche nach der Nordwest-Passage. Viele Inuit verlassen im Sommer die staubige »City«, leben in freier Natur in Zelten, jagen Karibus und speeren nach Arctic-Chars, die jetzt in Massen der offenen Küste entlang zum Laichen nach Norden ziehen.

Michis Fangversuche vom Kajak aus sind höchst erfolgreich. Da wir nicht alle Fische verspeisen können, baut Chris ein kleines Holzgestell auf sein Kajak und hängt den Rest zum Trocken auf. Überall begegnet man uns mit Wohlwollen. Liegt es daran, daß wir mit Kajaks gekommen sind und dies bei manchem älteren Inuk Erinnerungen an vergangene Zeiten weckt?

Die freundliche Einladung unserer Nachbarn zum Robbenessen können wir unmöglich ausschlagen. Wir wollen nicht arrogant erscheinen. Mit gemischten Gefühlen sitzen wir alle am Boden um einen riesigen Topf, in dem unter einer trüben Fettschicht in brauner Brühe große Fleischteile schwimmen. Jeder, von der Großmutter bis zum Enkel, fischt sich mit den Händen ein Stück aus dem Topf, beißt hinein und schneidet es mit einem rasierklingenscharfen Messer dicht vor dem Mund ab. Dem einjährigen Kleinkind, das quietschfidel auf einem alten Anorak neben seiner Mutter liegt, wird zwischendurch fette Brühe eingeflößt. Auch wir müssen davon trinken. Mit

Während ich in die kleine Bucht von Gjoa Haven paddle, überkommt mich Ergriffenheit. Im Geiste sehe ich Amundsens »Gjøa«, die vor 90 Jahren hier ankerte. Vier Sommer habe ich gebraucht, um von Grönland hierher zu paddeln. Für mich ist ein Traum in Erfüllung gegangen: der Traum, mit einem Kajak, dem elementaren, genialen Jagdgerät der Eskimos, den gefürchteten, schicksalsschweren Teil der Nordwest-Passage zu bezwingen.

Wir nutzen die Tage in Gjoa Haven, um unseren Proviant aufzubessern. Der Arctic Char, eine besonders wohlschmeckende Lachsart, ist auf dem Weg nach Norden zum Laichen. Von den letzten Eisfeldern aus, läßt er sich gut fischen. Christian hat nach Inuitart seine Beute zum Trocknen aufgehängt.

einiger Überwindung können wir uns sogar zu einem anerkennenden Lächeln zwingen. Wir verdrängen die Vorstellung, daß wir Robbenfleisch essen. Erst dann schmeckt es ganz passabel, Kalbfleisch ähnlich, mit leichtem Fischgeschmack. Doch als sich einer den Robbenkopf angelt, aus dem uns traurig tote Augen ansehen, ist es mit unserer Selbstbeherrschung vorbei. Nur mit heftigen Schluckbewegungen gelingt es uns, das schöne Robbenessen nicht wieder postwendend unseren freundlichen Gastgebern zu servieren.

Bevor wir Gjoa Haven in Richtung Westen verlassen, paddeln wir in Amundsens Zufluchtsbucht noch eine Ehrenrunde. Im Geiste sehe ich die »Gjøa« vor Anker, und Ergriffenheit überkommt mich. Vier Sommer habe ich gebraucht, um von Grönland aus hierher zu paddeln. Ein Traum ist für mich in Erfüllung gegangen. Der Traum, mit einem Kajak den gefürchtetsten, schicksalsschweren Teil der Nordwest-Passage nachzuvollziehen. All die Tage in Sturm und Eis leben in mir auf, Tage voller Glanz und Dramatik, und ich verspüre den Wunsch, die restliche Querung ganz langsam zu vollziehen, so, als gäbe es kein Ziel.

Die Todesinsel

Der Forscher John Rae erhält 1854 von Inuit einen silbernen Löffel mit den Initialen von Francis Crozier, dem Kapitän der »Terror«.

22. Juli:
Wir haben uns vor dem Sturm in die verlassenen Hütten nahe dem Mallerualik Lake geflüchtet. Trotzdem das Meer voller weißer Schaumkronen steht, sind die Wellen höchstens zwei Meter hoch. Das liegt sicher daran, daß die offene Wasserfläche hier an der engsten Stelle der Simpson Strait nur wenige Kilometer breit ist. Nach zwei siebenstündigen Tagesetappen mit heftigem Gegenwind sind wir nun nahe dem See, an dem Knut Rasmussen 1923 bei seiner 5. Thule-Expedition einen ganzen Sommer verbrachte.

Jeder Schritt auf King William Island ist lebendige Vergangenheit, denn jedes Lager, jedes Vorrats-Depot, jedes Steinmal, das die Entdekker und späteren Suchexpeditionen errichteten, ist erhalten.

Nachdem der schottische Arzt John Rae, der 1854 im Dienste der Hudson Bay Company die nördlichen Küsten Amerikas kartographierte, neun Jahre nach dem Verschwinden der Franklin-Expedition, von Inuit der Pelly Bay erfuhr, daß sie *Kablunas* (*kablu* = dicker Bauch, *na* = buschige Augenbrauen) – weiße Männer – mit Schlitten und Booten an der Küste von King William Island gesehen hätten, konzentrierte sich in den folgenden Jahren die Suche nach Franklin auf diese Insel. Rae hatte den Inuit einige Gegenstände abkaufen können, die eindeutig von den Vermißten stammten. Franklins Verdienstorden war darunter, sowie mit Monogrammen versehene Gabeln und Löffeln, von denen einer die Initialen Kapitän Croziers trug. Trotz dieses eindeutigen Hinweises unternahm die Britische Admiralität nichts, um nach weiteren Spuren ihrer verschwundenen Expedition zu suchen.

Hätte nicht Lady Franklin noch einmal die Initiative ergriffen und mit ihrem letzten Vermögen und mit Hilfe von Spenden ihrer Freunde die »Fox« ausgeschickt, wäre das einzige schriftliche Dokument der Franklin-Expedition vielleicht nie entdeckt worden.

Mc Clintock, dem Lady Franklin die »Fox« anvertraut hatte, blieb mit seinem Schiff im Eis der Bellot Strait stecken. Er setzte jedoch seine Suche im April 1859 mit drei Schlitten nach King William Island fort. Dort teilten sich zwei Gruppen auf, Mc Clintock beauftragte Commander Hobson, die Westküste der Insel abzusuchen, während er selbst an der Südküste entlang und von dort über die Simpson Strait zum Back River gehen wollte.

Mc Clintock begegnete an der Küste einer Gruppe von Inuit, die ihm auf seine Fragen hin erzählten, daß sie auf der anderen Seite der Insel ein Schiff im Eis gesehen hätten und *Kablunas*, die niederfielen und starben während sie marschierten. Mc Clintocks Verständigung mit den Inuit geschah mehr oder weniger mittels Zeichensprache, deshalb konnte er der Unterhaltung auch keine Details entnehmen.

Um vieles aufschlußreicher, da keine Sprachbarrieren behinderten, sind die mündlichen Berichte der Inuit, welche Leutnant Schwatkas Suchexpedition von 1878 bis 1880 auf King William Island einholte.

Alanak, eine etwa 55 Jahre alte Netsilingmiut erzählte:

»Ich war mit meinem Mann und zwei anderen Familien auf King William Island, (in der Gegend der Washington Bay und Cape John Herschel), um Robben zu jagen. Dort trafen wir eine Gruppe

von Weißen, die nach Südosten gingen. Es waren etwa zehn Männer, die ein Boot und einen Schlitten zogen. Zuerst waren wir ängstlich, aber als sie auf uns zukamen, versuchten wir uns mit Zeichen zu verständigen. Sie sahen mager und ausgehungert, krank aus. Um Augen und Mund waren sie schwarz. Sie trugen keine Fellkleidung. Wir campten vier Tage zusammen und teilten einen Seehund mit den Weißen, wofür wir ein Hackmesser als Bezahlung erhielten. So weit ich mich erinnern kann, trugen sie nichts zum Essen mit sich. Während wir zusammen waren, schliefen einige von ihnen im Boot, einige in einem kleinen Zelt. Der Mann, von dem ich das Messer bekam, wurde von den anderen Tuluak genannt. Er war hochgewachsen und stark gebaut und hatte einen schwarzen Bart, gefleckt mit Grau.

Ein anderer war kleiner mit einem rötlichbraunen Bart. Doktuk (Doktor) war ein untersetzter Mann. Zwei trugen Brillen, aber keine Schneebrillen.

Wir wären gerne noch bei den Weißen geblieben, aber das Eis in der Simpson Strait begann aufzubrechen und wurde unsicher.

Nachdem wir sie verlassen hatten, versuchten wir die Simpson Strait zu queren, mußten aber wieder zurück zur Küste von King William Island. Wir blieben dort in der Nähe des Gladman Points den ganzen Sommer über, aber wir sahen die Weißen nie wieder.

Im folgenden Frühling waren wir in der Nähe der Terror Bay. Dort fand ich auf einem leicht verschneiten Hügel ein Zelt mit Skeletten. Zwei lagen außerhalb und waren mit Sand und kleinen Steinen bedeckt. Im Zelt lagen unter Decken und Kleidern ebenfalls Skelette, verschiedene

Tagelang durchstreifen wir auf King William Island das Gebiet, wo die Überlebenden der Franklin-Expedition ihren Todesmarsch zum kanadischen Festland begannen. Von wem dieser Totenschädel auch sein mag, er berührt uns mehr als alles andere.

Gegenstände wie Löffel, Messer und Uhren waren verstreut.«

Bei seinem Sommer-Aufenthalt am Mallerualik Lake bekam Knut Rasmussen von dem alten Inuk Qaqortugnig eine interessante Geschichte zu hören, welche von Franklins Schiffen handelte. Sie erzählt von zwei Brüdern, die im Nordwesten von Qequertaq (King William Island) Seehunde jagten.

»Es war im Frühling, die Zeit in der der Schnee über den Atemlöchern der Robben schmilzt. Sie sahen draußen im Eis ein schwarzes, mächtiges Ding. Sie wußten, das konnte kein Tier sein. Als sie es näher betrachteten, erkannten sie ein großes Schiff. Sie rannten zu ihren Leuten heim und erzählten ihnen davon. Am folgenden Tag gingen alle hinaus, um es zu betrachten. Da sie es verlassen fanden, eigneten sie sich alles an, was sie gebrauchen konnten. Keiner von ihnen hatte je zuvor Kontakt mit Weißen gehabt, und so erkannten sie den Gebrauch der meisten Dinge nicht.

Einer der Jäger sah ein Rettungsboot am Schiff hängen und schrie:

›Hier ist ein schöner großer Trog für mein Fleisch, den will ich haben.‹ Er schnitt die Leinen durch, und das Boot stürzte hinab aufs Eis, wo es zerbrach.

Sie fanden auch Gewehre auf dem Schiff. Da sie damit nicht umgehen konnten, schlugen sie die Läufe ab, um aus dem Metall Harpunenspitzen zu fertigen.

Anfangs getrauten sie sich nicht in die unteren Kabinen zu gehen, aber nach einer Weile wurden sie mutiger und spähten hinab. Dort fanden sie viele tote Männer. Sie lagen alle auf ihren Lagern. Zum Schluß gingen sie hinunter in den großen finsteren Raum in der Mitte des Schiffes. Es war absolut dunkel, so daß sie nichts mehr sehen konnten. Nachdem sie Werkzeug fanden, schnitten sie ein Fenster in die Seite, in ihrer Unwissenheit jedoch unter der Wasserlinie. Da sank es mit all den kostbaren Dingen.«

Im späten Frühling des gleichen Jahres waren drei Inuit im Süden von Qequertak auf Karibu-Jagd. Dabei fanden sie ein Boot mit den toten Körpern von sechs Männern. Es lagen Messer und Gewehre darin und sehr viel Proviant. Die Männer konnten nicht vor Hunger, sondern mußten durch eine Krankheit gestorben sein. »Es sind viele Plätze in diesem Land,« schloß der Erzähler, »wo noch Knochen weißer Männer liegen.«

Amundsen bekam ebenfalls eine Geschichte zu hören, der zu entnehmen ist, daß die Konserven auf Franklins Schiffen möglicherweise verdorben waren. Amundsen hatte ein vertrauensvolles Verhältnis mit den Inuit in Gjoa Haven. Doch, wann immer er Fragen über die Franklin-Expedition an sie richtete, bekam er ausweichende Antworten. Einzig Uchyuneiu, ein intelligenter Ogluli-Eskimo, teilte ihm mit, was er wußte.

Danach fanden Inuit bei der Robbenjagd südlich von Cape Crozier ein verlassenes Schiff der Franklin-Expedition. Sie nahmen alles Eisen und Holz, das sie bewegen konnten, mit sich. Als der Frühling kam und das Eis brach, sank das Schiff. Zu dieser Zeit aßen die Eskimos von den Konserven, worauf sie krank wurden. Einige in der Tat so sehr, daß sie starben.

Nach den Berichten von Edward Parry und John Ross erscheint das Konserven-Dilemma der Franklin-Expedition unverständlich, denn beide Unternehmungen waren ebenfalls mit Konserven ausgerüstet, deren Qualität nicht zur geringsten Beanstandung Anlaß gab. Ross, der viele Jahre nach der Strandung der »Fury« die von Parry zurückgelassenen Vorräte auf Somerset Island in Augenschein nahm, war über ihren Zustand des Lobes voll.

»... Wo die Fleisch- und Gemüsekonserven lagen, fanden wir alles in Ordnung. ... Obgleich sie vier Jahre jedem Wechsel der Witterung ausgesetzt waren, hatten sie nicht im geringsten gelitten. Sie waren nicht einmal verrostet. ... Den Inhalt der Büchsen fanden wir weder erfroren, noch im Geschmack verändert.«

23. Juli:

Der Wind ist uns zum Paddeln noch zu heftig. Obwohl die Sonne scheint, haben wir keine Lust uns gegen ihn abzuquälen und bei jeder Welle eine Eisdusche über den Kopf zu bekommen.

Nach den Tagen in Gjoa Haven genießen wir das Alleinsein. Michi bäckt Brot und Chris schreibt Tagebuch für seine geliebte Tanja. Ob sie wohl noch an ihn denkt? Chris jedenfalls

Im Landesinnern von King William Island, bei den Seen, gibt es stellenweise Bewuchs. Dort treffen wir auf einsame Moschusochsen. Es wird uns klar, daß der geringe Wildbestand Franklins zahlreicher Mannschaft kaum Chancen zum Überleben bot.

hat ganz konkrete Vorstellungen. Wenn er nach Hause kommt, will er sie sofort heiraten. Halt! Das mit der Hochzeit sei nicht so eilig – aber ein Kind? Chris kommt ins Schwärmen, während wir herzhaft lachen. Er meint es ernst; in Gjoa hat er sich bei Jakobs Frau ein *Amand* – einen »Eskimo-Kinderwagen« – besorgt. Dies ist das traditionelle, umhangartige Kleidungsstück der Inuitfrauen, bei dem Kapuze und Rückenteil extra weit geschnitten sind, damit sie das Kind darin tragen können. Was werden die Leute in seinem Dorf für Augen machen, wenn er seinen geplanten Nachwuchs auf diese originelle Weise präsentiert.

Nachdem wir Michis leicht angekohltes, aber sonst ausgezeichnetes Brot verdrückt haben, wandern wir zum Mallerualik Lake. Die Seen auf den arktischen Inseln bilden im Sommer, inmitten einer Welt von Eis, warme Mini-Klimazonen mit einer erstaunlichen Fülle von Leben. Überall am Wasser nisten Vögel. Schwäne und weiße Arctic-Gänse bilden eigene kleine Kolonien, und da und dort brütet ein Eistaucher Pärchen. Mit ihren schwarzen Rükken und den eleganten weißen Punkten darauf, sehen sie ungemein hübsch aus. So unbeholfen ihr schwerer Körper an Land wirkt, so unbeschreiblich ästhetisch ist ihr Flug. Wenn es einen Ton für Verlorenheit, Weite und Sehnsucht gibt, dann ist es ihr einsamer Schrei: »Looon – Looon«! Das klingt so wehmütig, lokkend. – Mich macht es fernwehkrank.

Im kniehohen Bewuchs am See grasen zwei Moschusochsen: *Oomingmaq* – den »Bärtigen«, nennen die Inuit das zottige Urweltwesen, von dem die Zoologen annehmen, daß es bereits mit prähistorischen Tierarten die Erde bevölkerte und sich über alle Eiszeiten hindurch kaum veränderte. Was Eiszeiten und Jahrmillionen nicht zustandebrachten, das hätten um ein Haar die Weißen geschafft: nämlich auch diese Tiergattung auszurotten. In den Jahrhunderten der Arktis-Erkundungen waren diese leicht erlegbaren Tiere stets willkommene Fleischlieferanten. Vor allem auf King William Island waren durch die zahlreichen Suchexpeditionen die Moschusochsen nahezu verschwunden.

Auf dem Rückweg steigen wir zu Rasmussens großem Steinmal hoch, das er 1923 weithin sichtbar anlegte. Eine Schnee-Eule, die einsame Wache hält, fliegt erschreckt auf und irgendwo brummt eine dicke Hummel. Unsere Freude über die plötzliche Windstille wird von Abertausenden von Mücken getrübt. Um jeden von uns schwärmt eine schwarze Wolke von blutsaugenden Vampiren. Hatten sie uns bereits in Gjoa Haven an manchem Tag gepeinigt, dies hier übertrifft alles.

Zum Kochen gibt es hier kein Eis mehr. So bleibt uns nichts anderes übrig, als das Was-

Symbol gescheiterter Hoffnungen und Mahnmal der Vergänglichkeit: das Wrack der »Sea Otter« am Gladman Point. Wenige Meilen westwärts, am Cape John Herschel, ist der jahrhundertelang so dramatisch umkämpfte Teil der Nordwest-Passage zu Ende. Thomas Simpson war, von Westen kommend, bereits 1839 bis dorthin gelangt.

ser aus den moosigen Tümpeln zu nehmen. Unzählige Mückenlarven und sonstige Kleinlebewesen treiben sich lustig darin herum. Je mehr sich das Wasser im Topf erhitzt, um so hektischer werden ihre Zuckbewegungen, bis dann kurz vor dem Siedepunkt schlagartig alles zum Stillstand kommt. Die bösartigen Angriffe der Mücken wecken in uns schlimme Rachegefühle. Am liebsten würden wir sie wie die Larven im heißen Wasser verbrühen. Sogar beim Paddeln verfolgen uns anfangs ganze Schwärme, bis ihnen nach und nach der »Sprit« ausgeht.

Die Enge der Simpson Strait passieren wir zügig mit dem Gezeitenstrom. Amundsen stand hier, wie er schreibt, Tag und Nacht am Ruder, um sich vorsichtig Bootslänge für Bootslänge auslotend durch das flache, nie zuvor befahrene Gewässer hindurchzutasten. Was hätte er für Augen gemacht, hätte er plötzlich dahinter die weißen Kuppel-Antennen der *Distant Early Warning (DEW) Line Station* gesehen. Schon aus 20 Kilometern Entfernung heben sie sich, wie die Raumstation eines Science-fiction-Films, vom Gladman Point ab. Bis wir sie erreichen, ist Mitternacht.

Die »M.V. Kelly Hall«, ein rostiger Frachter, liegt vor Anker. Ken Johnson, der erste Maat, lädt uns zu einer Tasse Kaffee ein. Er ist mit seiner Mannschaft erst vor zwei Tagen mit einer Twinotter eingetroffen, und wartet nun, bis das Eis in Richtung Cambridge Bay aufgeht. Die »M.V. Kelly Hall« wurde im Oktober letzten Jahres vom Eis eingeschlossen; seitdem liegt sie hier.

Draußen, auf der Meeresseite des Hafens, modert der hölzerne Rumpf eines gestrandeten Schiffes. Zwei Grabhügel stehen stellvertretend für Hunderte, die auf der Suche nach der Nordwest-Passage ihr Leben lassen mußten. Ein paar Meilen weiter westlich, am Cape John Herschel, ist der so lange gesuchte und mit größten Opfern erkaufte Teil der Nordwest-Passage zu Ende. Thomas Simpson war, von Westen kommend, bereits 1839 bis dorthin gelangt.

Am Morgen kommen zwei Monteure der *DEW-Station* zu unseren Zelten. Sie sind die letzten eines Arbeitstrupps, welcher die alte Radaranlage demontierte. Unsere Kajaks erwecken ihre Neugierde. Was wir ihnen von unserer Expedition erzählen, will ihnen nicht so recht in den Kopf. Von Grönland bis hierher – mit diesen Dingern? Der eine schüttelt ungläubig den Kopf, beim anderen scheint es so etwas wie Stolz auszulösen, denn er schlägt sich mit der flachen Hand auf die Brust und sagt mit leuchtenden Augen: »I am an Eskimo.« Er bezeichnet sich nicht als Inuk, nein, er ist Eskimo! Und in der selbstbewußten Betonung des Wortes übermittelt er uns eine Botschaft: Seht, ich bin auch einer jenes großen Volkes, das einst mit Kajaks die Arktis durchzog! Wie oft sind es bei Begegnungen nur Nuancen, eine Handbewegung, die Klangfarbe eines Wortes, welche die Tiefe eines Wesens offenbaren.

Mit Entsetzen habe ich festgestellt, daß ich meine Filmkamera bei den Hütten am Malleruaik Lake vergessen habe. Mein Mißgeschick beschert Chris und Michi einen angenehmen Ruhetag und mir eine 50 Kilometer Sonderetappe. Wenigstens meint es der Wind gut mit mir und behindert mich nicht. Ohne einen Paddelschlag auszusetzen, ziehe ich die ersten 25 Kilometer in drei Stunden durch. Angst vor einer schwarzen Regenwand treibt mich dazu. Bevor sich ihre Schleusen öffnen, will ich die wertvolle Kamera unbedingt im Trockenen haben.

Doch ich hätte mich nicht so sehr beeilen müssen, die schweren Wolken behalten ihren nassen Inhalt für sich. Froh darüber, die Kamera unversehrt vorzufinden, gehe ich die Rückfahrt wesentlich gelöster an.

An einer der kleinen Inseln wurden wir gestern von erbosten Möwen angegriffen. Um sie nicht noch einmal unnötig aufzuregen, halte ich nun größeren Abstand. Am Morgen ließen sie mich auch ganz friedlich vorbeipaddeln. Jetzt aber stürzen sie sich im wilden Flug auf mich. Den leichten Wind für ihre verwegenen Attacken nützend, greifen sie mich nur von hinten an. Der Schwarm von mehr als dreißig Vögeln wird immer dreister. Einer der mutigsten reißt mir die Mütze vom Kopf, obgleich ich wild mit dem Paddel um mich schlage. Von Minute zu Minute wird das Ganze bedrohlicher, denn die anderen Möwen werden ebenfalls immer aggressiver. Ich wende das Boot, um mich auf ihre Sturzflüge besser einstellen zu können. Dadurch kann ich mich leider nicht mehr weiter aus ihrem Gefahrenbereich entfernen. Meine rote Signalrakete, Feuer, Knall und Rauch, scheint sie eher noch angriffslustiger zu stimmen. Manche Möwe setzt ihren Sturzflug so tief, daß sie beinahe das Verdeck meines Kajaks berührt. Erst unmittelbar vor meinem Körper reißt sie die Schwingen steil hoch, versucht mir einen Schnabelhieb zu verpassen und dreht mit einem blitzschnellen Haken ab. So nahe vor

Wie aus einer Science-fiction-Story: Antennen »horchen« am Gladman Point in den Weltraum. Das technisch veralterte Radar-Frühwarnsystem wurde demontiert. Eine vollautomatische Überwachung per Satellit wird von nun an seine Aufgabe übernehmen. Die letzten Techniker verlassen die Anlage.

Wir überqueren die Terror Bay und gehen dann auf nördlichen Kurs. Irgendwo, das wissen wir, werden wir auf die unüberwindliche Eismauer stoßen, die das Schicksal der Franklin-Expedition besiegelte.

meinem Gesicht kommen sie mir groß wie Geier vor. Wie leicht könnten sie mich zum Kentern bringen. Das Wissen, daß ich, mich mit einer Eskimorolle jederzeit wieder aufrichten kann, gibt mir in diesen bedrohlichen Minuten Sicherheit. Trotz der ungeheuren Anspannung schießt mir immer wieder ein Gedanke durch den Kopf: Wenn du doch die Kamera auf das Kajak montiert hättest, was gäbe das für einmalige Szenen.

Ich weiß nicht, wie lange mich diese Furien verfolgen. Mir kommt es jedenfalls unendlich lange vor. Irgendwie muß ich den Mut dieser Vögel bewundern, mit welcher wilden Entschlossenheit sie sich auf einen viel größeren Gegner stürzen.

Chris und Michi waren in der Zwischenzeit auf Erkundung. Dabei hat Michi ein altes *Ulu*, ein halbmondförmiges Inuit-Messer gefunden. Er ist gerade dabei, den abgebrochenen Griff mit einem Stück Karibu-Geweih zu ersetzen. Wenn er noch länger unterwegs ist, wird er sich noch zu einem perfekten Eskimo entwikkeln.

Die Weiterfahrt läßt uns noch ein letztes Mal alle Höhen und Tiefen des Eismeeres erleben. Da ist immer wieder der lodernde Feuerball der Mitternachtssonne. Stundenlang paddeln wir auf ihn zu. Auf tanzenden Wellen, vom winzigen Kajak aus, stellt er sich als kosmisches Ereignis von höchster Dramatik dar. Sternenbrand – was für grandiose Inszenierung, und wir sitzen atemlos in der »ersten Reihe«. Um uns das Urweltrauschen des Meeres, alle Töne der Musik – Bach, Beethoven, Wagner!

Die Terror-Bay empfängt uns mit Sturmfanfaren! Ist dies der Eingang zur Unterwelt? Mitten am Tag bricht finstere Nacht über uns herein. Wir können gerade noch Fitzjames Island anpeilen, da fällt die wilde Jagd schon über uns her. Ist es das Heer der verhungerten und erfrorenen Seeleute, das frostgepeinigt auf fahlen Wolkenpferden über den Himmel reitet?

Wie im schweren Wildwasser suchen meine Knie festen Halt an den Schenkelstützen unter dem Verdeck, umkrampfen meine Finger den Paddelschaft, während der Sturm mir schmerzhaft tausend Nadelstiche Eiswasser in das Gesicht schleudert.

Wird Chris durchhalten? Er klagte die letzten Tage über Schmerzen im Arm. Eine Verständigung miteinander ist nicht mehr möglich, jeder kämpft für sich allein.

Viel ruhiger und trotzdem ebenso dramatisch verläuft der Querungsversuch nach Victoria Island. Bei Windstille starten wir unter besten Bedingungen. Unmittelbar vor den Royal Geographical Society Islands geraten wir in einen Packeisstrom. Wir versuchen weiter im Süden einen Durchschlupf zu finden. Dies scheint zunächst ganz gut zu gelingen. In dem schier endlosen Strom von Eis können wir uns mit den Kajaks immer wieder durchzwängen, bis uns in der Markham Strait das Eis ausweglos einschließt.

Dieses ohnmächtige Gefühl gegenüber den Naturgewalten, die permanente Angst, Wind und Strömung könnten den tödlichen Mahlstrom plötzlich in Gang setzen, belastet uns psychisch ungeheuer. Wir sehen keine andere Möglichkeit mehr, als uns wieder nach Osten zurückzukämpfen.

Wie erschlagen, mit paddellahmen Armen, stehen wir zwanzig Stunden später wieder auf King William Island – gerade rechtzeitig, ehe der Nordwind vehement einsetzt.

30. Juli:

Im Sturm wagen wir uns kein zweites Mal ins Packeis. Am flachen Schotterstrand von Cape Crozier sind wir in Sicherheit. Eigentlich sollten wir dem Geschick dankbar sein, das uns noch einmal zur Schicksalsinsel der Franklin-Expediton zurückholte. Tagelang durchstreifen wir das Gebiet, in dem Dutzende von Franklins Männern auf ihrem letzten, verzweifelten Marsch zum Kanadischen Festland starben.

Von der Stelle, an welcher Franklins Schiffe »Erebus« und »Terror« am 22. April 1848 im Eis aufgegeben wurden, bis zum offenen Wasserstreifen vor uns, südlich der Erebus Bay, sind es nur 90 Kilometer. Für Franklins Schiffe waren sie so unüberwindlich, wie die Entfernung zum Mond.

Erschüttert stehen wir am »Bootsplatz«, an dem Mc Clintocks erste Schlittenmannschaft

Unsere GPS-Satelliten-Navigation erleichtert die Orientierung erheblich. Vor den wirklichen Gefahren der Arktis kann sie uns jedoch nicht schützen.

Jeder Meter der Nordwest-Passage könnte eine tragische Geschichte erzählen. Zwei Steine auf der windgepeitschten Westküste von King William Island markieren Cape Francis Crozier; sie erinnern an den Kapitän der »H.M.S. Terror«, der nach dem Tod Franklins das Kommando übernahm.

mit Leutnant Hobson zwei Skelette in einem Rettungsboot fand. Es war achteinhalb Meter lang, zwei Meter breit und mochte mit dem schweren Schlitten, auf dem es lag, über zwölf Zentner gewogen haben. Das eine Skelett, eines schmächtigen Mannes, war von Tieren zerstückelt worden. Unter der hinteren Ruderbank lag ein zweites, in Decken und Felle eingehülltes Gerippe. Im Boot lagen, neben zwei geladenen Gewehren, Tee und 18 Kilogramm Schokolade, 5 Uhren, Bücher, 8 Paar Stiefel, Hausschuhe, Seife, Kämme, Faden, Nägel, Sägen, Feilen, Segelmacher-Handschuhe, Pulver, Kugeln und viele Dinge mehr, die nur unnötiger Ballast waren. Ein Rätsel gab die Ausrichtung des Bootes auf, in der es lag. Der Bug zeigte nämlich nicht zum Festland, sondern exakt zu den im Eis aufgegebenen Schiffen.

Je weiter wir unsere Kreise um Cape Crozier ziehen, um so lebendiger wird auch für uns das tragische Geschehen der Vergangenheit. Da findet sich der Deckel eines hölzernen Schiffskoffers, wie er zur Zeit Franklins gebräuchlich war, eine zerbeulte Blechtasse, ein Fetzen Segeltuch. Ein rostiges Fragment im Sand entpuppt sich als kleine Mundharmonika. Zwei Gewehre und ein Hundeskelett stammen mit Sicherheit von einer der Suchexpeditionen. Welches Schicksal sich hinter dem von Wind und Sand abgeschliffenen Totenschädel verbirgt, wird niemand mehr erfahren. Dieses Treibgut der Zeit, diese letzten Relikte des Traumes »Nordwest-Passage«, den das Packeis zum Alptraum werden ließ, berühren uns mehr als alle anderen Dokumente, die der frostgesprengte Kalkboden von King William Island birgt. Überall liegen versteinerte Muscheln, Schnecken, Fische und Pflanzen. Im steinernen Tagebuch der Ablagerungen hat die Erde Millionen Jahre ihrer Vorgeschichte aufgezeichnet. Unvorstellbare Zeitspannen begegnen uns und lassen uns schonungslos die Bedeutungslosigkeit unseres Tuns fühlen. Was sind wir schon im Meer der Zeit?

4. August:
Die Sturmtage nehmen kein Ende. Sind es gar schon die Herbststürme, die den Winter ankündigen? Für drei Stunden verschwindet die Sonne bereits hinter dem Horizont. An den Rändern der Ententeiche blinkt am Morgen dünnes Eis. Wie lange würden wir bei dem extremen Gegenwind nach Cambridge Bay noch brauchen? Drei Wochen, oder gar mehr? Dann müßte ich womöglich daheim einige wichtige Termine platzen lassen. Während wir die Zelte abbauen, knallt unerwartet eine Windböe mit derartiger Heftigkeit an die Küste, daß uns buchstäblich unter den Händen ein Zeltgestänge mehrfach bricht. Trotz hektischer Rettungsversuche können wir nicht verhindern, daß ein scharfkantiges Teil ein großes Loch ins Überzelt reißt.
Über Langeweile können wir uns wahrhaftig nicht beklagen. Den Rest des Tages verbringen wir mit der Reparatur des Zeltes. Wir zersägen die letzte Überhülse aus dem RepSet in gleichlange Teile und »bandagieren« damit die drei gebrochenen Gestängebögen. Beim Ausbessern des Überzeltes wenden wir unsere Spezial-Methode an. Wir flicken den Riß nicht mit Nadel und Faden, sondern kleben mit hochelastischen Silikon einen Streifen gleichen Materials

Stammen diese Dinge, die wir fanden, womöglich von Franklins Mannschaft? Nachdem Mc Clintock, 13 Jahre nach Franklins Verschwinden, die ersten Spuren der Verschollenen auf King William Island fand, haben zahlreiche Suchexpeditionen die Insel durchstreift.

Wir entdecken im Sand den Deckel eines hölzernen Schiffskoffers, wie er zur Zeit Franklins gebräuchlich war.

Das Wunderkraut gegen Skorbut. Mit seinem hohen Vitamin-C-Gehalt hat das Löffelkraut schon viele Arktisfahrer vor dem Tod bewahrt. Den Inuit war es immer schon als »Lebenskraut« bekannt.

An exponierten Stellen der Küste hat der Wind die Steine buchstäblich »sandgestrahlt«.

darauf. Das dauert zwar etwas länger, ist jedoch absolut dicht.

5. August:
Wir haben uns entschlossen, zurück nach Gjoa Haven zu paddeln! Am Abend stehe ich noch am Strand und blicke hinaus. Im Westen zieht sich das offene Meer endlos bis an den Horizont. Endlos scheint auch das Packeis von der Erebus Bay nach Norden zu reichen. So rein und makellos muß die Erde in den ersten Schöpfungstagen ausgesehen haben! Wende ich den Blick auf die öde Steinwüste von King William Island, dann finde ich mich in den letzten Tagen der Erde.

Überall nur totes Gestein, ein Planet ohne Leben. Kompromißlos und mit unerbittlicher Klarheit führt mir die Arktis die engen Grenzen des Lebens vor Augen. Lebensfragen bedrängen mich. Ich fühle mich einsam, heimatlos, als ein Wanderer auf ein unbekanntes Ziel unterwegs. Unser Fortschrittsstreben wird späteren Generationen ebenso absurd erscheinen, wie uns heute die jahrhundertelangen Träume der Menschen nach der Suche der Nordwest-Passage. Und doch ist es wichtig, daß wir unsere Träume leben, denn nur in der Auseinandersetzung, in der Polarität ist Erkenntnis möglich, die uns wieder zur Einheit führt. Wenn es noch Neuland zu entdecken gibt, dann in der Tiefe unseres Wesens, und ich glaube, die Natur kann uns Spiegel sein, in dem wir uns selbst finden können. Wir haben mit unserer Zivilisation eine künstliche Welt aufgebaut, eine Welt voller Hektik und Lärm, in der die Natur als lebensspendender Impuls weitgehend ausgesperrt bleibt. Ich weiß, in wenigen Tagen wird auch mich diese Hektik wieder in den Fängen haben. Ist deshalb mein Bedürfnis so groß, mich mit dem Atem auszudehnen, wie die Eisfläche am Horizont, und hineinzuhorchen in die Stille, um sie in mir aufzunehmen, wie einen kostbaren, seltenen Duft.

Wir haben den Eisteil der Nordwest-Passage bewältigt, haben die Arktis so hautnah und schmerzhaft erlebt, wie man eine Landschaft nur erleben kann. Aber je länger ich unterwegs bin, um so weniger bedeutet mir das Ziel. Was soll der Wunsch, wiederzukehren, nur um den Weg zum Pazifik fortzusetzen? Die Stille ist dort nicht tiefer als hier, und das Eismeer nicht funkelnder.

Auf den Wogen der Herbststürme »reiten« wir mit den Kajaks zurück nach Gjoa Haven.

Ausrüstung

Der Erfolg einer Expedition in extremen Regionen hängt, neben der psychischen und physischen Verfassung der Teilnehmer, in entscheidendem Maße von der Ausrüstung ab. Wichtigstes Teil unserer Ausrüstung waren selbstverständlich die *Kajaks*. Es waren noch dieselben Boote, mit denen wir bereits 1989 von Grönland nach Kanada gepaddelt sind.

Nach langen Tests und vielen Vergleichen mit den schönen, schmalen Eskimokajaks, entschieden wir uns damals für das Modell:

YUKON GRÖNLAND von Toni PRIJON in Rosenheim.

Längc: 4,50 m, Breite: 0,66 m, Höhe: 0,36 m
Ausführung: Kevlar-Carbon mit zusätzlicher Außennaht versehen.
Gewicht: 16 kg.

Die Boote hatten eine Steuereinrichtung und waren entgegen üblichen Seekajaks mit keinen starren Abschottungen versehen. Starre Abschottungen haben im Eis große Nachteile, denn sie drücken sich schon bei leichten Deformationen des Bootsrumpfes durch die Bordwand und zerstören das Kajak. Um unsere Kajaks im Eisdruck so elastisch wie möglich zu halten, haben wir auf die übliche starre Abschottung verzichtet und hinter dem Sitz ein schlauchartiges Stück Spritzdeckenstoff von 60 Zentimeter Länge eingeklebt. Damit konnten wir das Heck ähnlich einer Schultüte zubinden. Diese Methode hat sich in all den Jahren in der Arktis hervorragend bewährt.

Wichtig ist bei jeder Eismeerfahrt die Isolation des Kajaks im Sitzbereich. Wir benützten dazu ein Stück Bergsteiger-Isoliermatte, die von der Fußstütze bis unter den Sitz reichte, herausnehmbar, mit Klettbändern fixiert. Zusätzlich waren die Sitzschale und der Kniebereich mit einer Matte beklebt.

Unter dem Verdeck hatten wir Gummischlaufen eingeklebt. In sie steckten wir die Thermosflasche, sowie Einliter-Plastikflaschen, in denen wir Petroleum zum Kochen aufbewahrten.

Unsere Wärmekleidung für das Zelt, Schlafsack und Thermarest-Matte steckten wir in einen wasserdichten ZÖLZER-Pumpsack vor die Fußstütze.

Mit Expandern auf dem Verdeck befestigten wir Skating-Stöcke, eine Eisaxt bzw. Eispickel und, stets griffbereit, Nico-Signalraketen. Die Eisaxt hatte ich durch Ausbohren noch um 250 Gramm erleichtert.

Walter LANGER aus Rosenheim hatte uns mit viel Mühe Anoraks mit extra eng anliegender Kapuze angefertigt. Dazu nach unseren Angaben wasserdichte Latzhosen. Aus Sicherheitsgründen wären Trockenanzüge mit angeschnittenem Fußteil, wie sie Surfer, Segler und Kajakfahrer verwenden, vorzuziehen gewesen. Sie haben jedoch alle den großen Nachteil, daß sich die drei bis vier Liter Schweiß, die man bei großer Anstrengung in 10 Stunden verliert, in der »Hose« sammeln. Das hält das beste Sitzfleisch nicht aus, wenn man wochenlang Höchstleistung erbringen muß. Auch die Latzhosen waren nicht der Weisheit letzter Schluß. Wir haben am Ende darauf verzichtet und uns nur mehr mit atmungsaktiven Trevira-Finesse Hosen von BIG PACK ins Boot gesetzt. Das setzt allerdings eine hundertprozentig dichte Spritzdecke und einen ebenso dichten Anorak voraus.

Paddel:	Länge 2,16 m, Gewicht 1 kg Gekehltes, asymmetrisches Raisingblatt.
Hersteller:	Erich SCHLEGEL

Wie bei kaum einem anderen Ausrüstungsteil spielen beim Paddel Gewicht und Qualität die größte Rolle. Da man es im Laufe eines Fahrtentages tausende Male hebt und senkt, sollte das Blatt so leicht wie möglich sein. Andererseits wurde es im Eis ständig zum Vorwärtsstochern mißbraucht; da durfte es nicht brechen. SCHLEGEL-Carbon-Paddel haben uns auf allen Etappen nie im Stich gelassen. Wir

haben sie zusätzlich mit Tropfringen versehen und in die Blätter vorne einige »Sägezähne« eingefeilt, um beim Stochern auf dem Eis nicht abzurutschen.

Die Paddellänge muß natürlich immer im richtigen Verhältnis zur Kraft des Akteurs und dem Gesamtgewicht des Bootes, d.h. dem Widerstand im Wasser, stehen. Je länger wir unterwegs waren, um so günstiger erschienen uns unsere relativ kurzen Paddel. Wer seinen Paddelschaft zusätzlich isolieren möchte, muß unbedingt darauf achten, daß er dazu kein zu weiches Material verwendet. Die Finger dürfen keinen »schwammigen« Griff haben, sonst stellt sich nach kurzer Zeit eine Sehnenscheidenentzündung ein.

Zelte: Type – VENTO 3 Extrem
Kuppelzelt mit 4 Bögen
Überzelt mit Schlaucheingang
und Schneelappen.
Gewicht: 4,9 kg
Hersteller: BIG PACK

Es gibt verschiedene Hersteller von hervorragenden Expeditions-Zelten und die Auswahl hängt vom jeweiligen Einsatzbereich ab. Für uns waren folgende Kriterien entscheidend:

Umlaufender Schneelappen, der sich auch nach innen fortsetzt. 4 Gestängebögen mit Sturmabspannung durch das Überdach hindurch, d.h., die Abspannungen können unmittelbar am Gestänge befestigt werden. Bei der heutigen Qualität von Reißverschlüssen wäre ein Schlaucheingang wie bei Vento Extrem nicht mehr nötig. Wir haben uns einen zweiten, konventionellen Eingang einsetzen lassen.

Da bei Eisbiwaks der Zeltboden meist der kälteste Bereich ist, schlägt sich dort auch ein großer Teil des Kondenswassers nieder. Um diesen Effekt zu vermeiden, haben wir in einem Zelt einen superleichten zweiten Boden mit einer Lage Thinsulate mit Klettbändern befestigt. Den anderen Zeltboden haben wir mit zwei Millimeter starken, aluminiumbeschichteten Isoliermatten ausgelegt. Beide Methoden haben sich gut bewährt.

Eine sichere Zeltabspannung ist auf dem Eis nur mit Eisschrauben möglich. Neben hochfesten Magnesium-Heringen führten wir pro Zelt 4 Titan-Eisschrauben mit.

Kocher: Modell MSR XGK II
WHISPERLITE INTERNATIONALE

Bei unseren Tests mit Petroleum als Brennstoff hatte der WHISPERLITE einen um ca. 10 Prozent höheren Wirkungsgrad als die übrigen Kocher. Dies, und seine genial einfache Konstruktion, veranlaßte uns bei den ersten Touren, dieses Modell mitzunehmen. So lange wir in der Kälte mit Wasser kochten, funktionierte er ohne Störung. Setzten wir jedoch einen Topf mit Eis auf, verrußte die Zuleitung in wenigen Minuten. Mit Benzin trat dieses Problem ebenfalls auf, jedoch erst Stunden später.

Ursache dieses Mangels sind die Topfauflagen, die mit den Standbeinen aus einem Stück gefertigt und um den Düsenstock gewikkelt sind. Sie leiten so viel Wärme ab, daß Düse und Zuleitung hoffnungslos verrußen.

Das Modell XGK II gab zu keiner Zeit Anlaß zur Beanstandung, obwohl man bei ihm einmal die etwas labile Topfauflage verbessern müßte.

Um beim Pumpen nicht immer kalte Finger zu bekommen, haben wir die Tankflasche mit dünnem Neoprene überklebt.

Kocht man im Zelt, ist das Anheizen des Kochers, das häufig mit Ruß und Abgasentwicklung verbunden ist, immer unangenehm. Nach einigen Versuchen mit Spiritus, Trockenspiritus und Benzin, heizten wir mit einem kleinen leichten Gasbrenner vor. 30 bis 40 Sekunden genügen zum Vorheizen. Den kleinen Gasbrenner hatten wir sowieso dabei, um damit eventuell kleine Reparaturen an den Kajaks durchzuführen.

Bei der Frage, ob man mit Benzin oder mit Petroleum kochen soll, haben wir uns für Petroleum entschieden. Es entwickelt bei der Verbrennung weniger Schadstoffe, ein Vorteil, wenn man im Zelt kocht. Der geringfügig höhere Heizwert von Petroleum wird aber durch sein höheres spezifisches Gewicht wieder kompensiert. Ein Liter Benzin wiegt 730 Gramm, ein Liter Petroleum dagegen 795 Gramm.

Um Brennstoff zu sparen, verwendeten wir einen 24 Zentimeter hohen Aluminium-Blechstreifen als Windschutz. Die Isolation von unten bestand aus einem doppelwandigen Kohlefaserbrettchen. Der Petroleum-Verbrauch pro Tag belief sich für 4 Mann auf 0,5 Liter.

Ernährung: SIMPERT REITER GMBH
Postfach 180
86062 Augsburg
KOELBEL-TRAININGS-
FORSCHUNG GMBH
Rendsburger Str. 14
30634 Hannover

Wir bestritten unsere Hauptmahlzeiten mit Gefriergetrockneter Nahrung der Firma REITER. Die in Folie eingeschweißten 625 Gramm-Packungen erwiesen sich für 3 bis 4 Personen als ideal, da der Verpackungsaufwand minimal ist. Der Fettanteil in den Menüs ist für hohen Kalorienbedarf zu gering. Wir setzten pro Mahlzeit ca. 100 Gramm Fett zu.

Den hohen Flüssigkeitsbedarf von ca. 4 Litern pro Tag, glichen wir mit unterschiedlichen Getränken aus. Vor den Menüs gab es Kraftbrühe, danach Tee. Das Frühstück bestand aus Kraft-Müsli von REITER und KOELBEL, wobei wir diesen ebenfalls Fette zusetzten und zwar in Form von Pinienkernen und Mandeln. Außerdem haben wir Lecithin zugefügt. Unterwegs versorgten wir uns mit Energieriegeln, Schokolade, Fleisch-Pemmikan oder Speck. Zum Frühstück tranken wir abwechselnd Tee, Kaffee, Kakao und Ovomaltine. Dem Tee für tagsüber waren Mineralien und Spurenelemente, sowie ENERGIE-19 Kautabletten der Firma KOELBEL zugesetzt. Diese hochwertigen Energiespender haben sich vor allem bei überlangen Paddel-Etappen bestens bewährt.

Vitamine – Mineralien: HERMES ARZNEIMITTEL GMBH

Um den Strapazen der Expedition, die uns immer wieder an die Grenzen unserer Leistungsfähigkeit brachten, zu widerstehen, war eine leistungsgerechte Ernährung mit ca. 5000 Kalorien notwendig. Damit die Nährstoffe (Kohlenhydrate, Fette und Eiweiße) die nötige Energie bringen, vom Körper verarbeitet werden können, sind Vitamine notwendig. Der Organismus benötigt unter Extrembelastung ein Vielfaches mehr an diesen Wirkstoffen, da nicht nur Ausdauer und Krafteinsatz den Bedarf auf das Drei- bis Fünffache erhöhen; auch die Kälte birgt Gefahren in sich, die ein starkes Immunsystem erfordern.

Niedrige Temperaturen beeinflussen auch Herz und Kreislauf, da bereits eine leichte Oberflächenabkühlung die Thrombozytenaggregation begünstigt. In diesem Zusammenhang ist der Einsatz von Vitamin E besonders wichtig. Vitamin E ist in der Lage eine verstärkte Thrombozytenaggregation zu verhindern und die Fließeigenschaften des Blutes zu erhöhen.

Den täglichen Bedarf an Vitaminen, Mineralstoffen und Spurenelementen deckten wir mit 4 Tabletten MULTIVITOL, sowie 2 Tabletten BIOLECTRA-Magnesium.

Bei Eis, Kälte und Salzwasser gibt es immer wieder Probleme mit der Haut. Von allen Schutzsalben hat uns OPTOVIT von HERMES mit ihren 25 Prozent Vitamin-E-Anteil am meisten überzeugt. Vor allem die überstrapazierten Hände regenerierten sich rasch wieder.

Navigation:

Die Entwicklung der Mikroelektronik schreitet so rasch voran, daß das Magellan GPS 5000, das wir mitführten, bereits wieder überholt ist. Das neue GPS MERIDIAN wiegt mit 400 Gramm nicht nur die Hälfte, es kostet auch nur mehr halb so viel. Wichtig ist nach wie vor, die Stromversorgung sicherzustellen. Hier hat uns VARTA mit fabrikationsneuesten Alkaline- und Lithium-Batterien bestens versorgt.

Kompaß: SILVA TD 15 CL
RECTA TURBO 20

Extrem kurze Einschwingzeiten und der maximale Neigungswinkel von 20 Grad erleichtern bei den Turbo-Modellen die Inklinations-Probleme in der Polregion.

Karten: Maßstab 1:500 000
Canada Map Office
Energie, Mines and Resources
Canada,
Ottawa

Multifunktionszange

Messer mit austauschbarer Sägeklinge:
C.Jul. HERBERTZ,
Postfach 120127,
42655 Solingen

Schweizer Offiziersmesser

Wasserdichte Säcke mit Pumpventil, Fototaschen und Paddel-Handschuhe waren von
Heinz ZÖLZER
Kupferdreher Str. 196
45257 Essen

Wasserdichte Kartentaschen und Wurfsäcke:
hf SPORTARTIKEL GMBH
91241 Kleedorf 37

Bekleidung, Schlafsäcke, Rucksäcke:
BIG PACK
Fabrikstr. 35
73266 Bissingen

Das Ideal von Wasserdichtheit und wirksamer Atmungsaktivität erfüllt keine Bekleidung. Bei Regen und starker körperlicher Anstrengung kann man nur zwischen zwei Übeln wählen: entweder ist man vom Regen von außen naß, oder vom Schwitzen von innen. Wenn sich der Körper durch Schwitzen in wasserdichter Kleidung zu sehr erhitzt, kann er keine optimale Leistung bringen. Darum sehe ich den besten Kompromiß in der Kombination: Microfleece innen und TREVIRA-Microgewebe als regenabweisende und voll atmungsaktive Außenschicht.

Unsere Rucksäcke erfüllten eine Doppelfunktion, denn wir verwendeten sie sowohl zum Tragen, als auch als Hüftgeschirr, um damit die Kajaks zu ziehen.

Um über viele Wochen Leistung zu bringen, ist guter Schlaf Voraussetzung. Auf den ersten

Etappen hat sich der Schlafsack RADIAL 1400 bestens bewährt. Bei der letzten Etappe hatten wir das leichtere Modell CLIMO PRO mit 800 Gramm Daunenfüllung dabei.

Schlafunterlagen: ThermARest, 4 Zentimeter stark, der beste Schlafkomfort auf Eis.

Gewehr: Winchester Kal. 308
Pump Gun

Medikamente: In allen Jahren haben wir außer Augentropfen und Heftpflaster nie etwas benötigt.
Trotzdem waren Antibiotika, starke Schmerzmittel, Ohren- und Augentropfen, Brandsalbe, Katheter, Mullbinden und Heftpflaster immer dabei.

Schuhe: In der Verbindung von Eis und Salzwasser waren Plastik-Tourenschuhe nicht optimal. Weit besser haben sich hüfthohe Gummistiefel mit herausnehmbaren Filzinnenschuhen bewährt.

Stöcke: 18 mm Durchmesser, Länge 135 cm, unteilbar von LEKI SPORT SWISS.

Filmausrüstung: 16 mm ARRIFLEX SR
Bolex mit wasserdichtem Gehäuse
Sachtler Kohlefaser-Stativ
Ton: SONY Digital Micro Recorder NT-1

Kontaktadresse Resolute:
Bezal and Terry Jesudason
High Arctic International Explorer Service
P.O. Box 200
Resolute Bay, N.W.T., Canada
XOA OVO

Fachliteratur-Hinweis:

»Orientierung mit Karte und Kompaß« von Wolfgang Linke

»Seekajak-Ausbildungsmappe« zu beziehen über Friedrich Paulsen, Schützenstr. 105, 48268 Greven

»Astro Navigation« von Bobby Schenk

DANK

Obwohl unsere Expedition vom Ausrüstungs- als auch vom finanziellen Aufwand her mit geringen Mitteln durchgeführt wurde, hätten wir sie schwerlich ohne die Hilfe von Sponsoren unternehmen können. Dies trifft vor allem für die Filmarbeiten zu, die den größten Teil der Kosten verursachten.

Für die großzügige Unterstützung möchte ich mich bei meinem Freund Klaus Werndl (Werndl-Büroeinrichtungen) bedanken.

Mein Dank gilt ferner Knut Jaeger (Fa. BIG PACK), der uns über das Sponsoring hinaus in jeder Phase der Vorbereitung ein wertvoller Ansprechpartner war. Weiter möchte ich den Firmen HOECHST, VARTA, PRIJON, sowie Erich Schlegel, Horst Fürsattel (hf), Walter Langer und Heinz Zölzer danken.

Ebenso gilt mein Dank den Expeditions-Kamcraden Mike Hierl, Volkmar Weiß, Erich Kahn, Christian Breckle und meinem Sohn Michi, von dem der größte Teil der Fotos stammt.

Lukas Maier möchte ich für die Durchsicht meines Manuskripts danken, ebenso dem Team vom Rosenheimer Verlagshaus für die gute Zusammenarbeit.

Mein Dank gilt schließlich Terry und Bezal Jesudason in Resolute, die uns per Funk in allen schwierigen Phasen der Expedition begleiteten.

Weitere Literatur-Hinweise:

Roald Amundsen: Die Nordwest-Passage. Meine Polarfahrt auf der GJØA 1903 – 1907. München: Albert Langen Verlag; ca. 1910

O. Beattie/J. Geiger: Der eisige Schlaf. Köln: vgs 1989

R. J. Mc Clure: The Discovery of the Northwest Passage. Hrsg. v. S. Osborn, London: Charles E. Tuttle, 1969

R. Huntford: Die Amundsen-Photographien. Braunschweig: Westermann Verlag, 1989

E. K. Kane: Kane der Nordpolfahrer. Arktische Fahrten und Entdeckungen der zweiten Grinell-Expedition zur Aufsuchung des Sir John Franklin. Leipzig: Otto Spamer Verlag, 1905

H. Klutschak: Overland to Starvation Cove. With the Inuit in Search of Franklin 1878 – 1880. Toronto: University of Toronto Press, 1987

S.J. Krasemann: Arktisches Tagebuch. Ein Jahr in Tundra, Eis und Schnee. Stuttgart: Franckh-Kosmos

B. Lehane: Die Nordwest-Passage. Amsterdam: Time-Life, 1982

B. Lopez: Arktische Träume. München: dtv 1987

D. Mountfield: Die großen Polarexpeditionen. Wiesbaden: Ebeling Verlag, 1978

W. E. Parry: Reise zur Entdeckung einer nordwestlichen Durchfahrt. Jena: Brausch, 1821

R. E. Peary: Die Entdeckung des Nordpols. Berlin: Wilhelm Süsserott Verlag, 1910

K. Rasmussen: Rasmussens 5. Thulefahrt. Zwei Jahre im Schlitten durch unerforschtes Eskimoland. Frankfurt a.M.: Societäts-Verlag, 1934

Sir J. Ross: Zum Magnetpol in der Arktis. Bericht über die Expedition 1829-1833. Rostock: Hinstorff Verlag, 1983

J.-L. Rousselot: Die Ausrüstung zur Seejagd der westlichen Eskimo, untersucht in ihrem kulturellen Kontex. Hohenschäftlarn: Klaus Renner Verlag, 1983

E. Struzik/M. Beedell: Die Nordwest-Passage. Seeweg zwischen Atlantik und Pazifik. Braunschweig: Westermann Verlag, 1991

Bildnachweis:

Michi Memminger: 63, 65, 67, 69, 71, 72, 78, 79, 83, 84/85, 87, 89, 90, 91 l. m., 92, 94, 95, 97, 99, 100/101, 103, 105, 106, 107, 108, 109, 110, 111 l., 113

Hans Memminger: 13, 14, 51, 55, 66, 75, 80, 81, 86, 88, 91 u. 111 o., 115

Mike Hierl: 34, 35, 37, 42, 43, 44, 74, 111 m.

Volkmar Weiß: 38, 68

Chistian Breckle: 91 o., 111 u.

Seite 76, »Victory« auf Eis: Arktis-Sammlung Christian Altenhofer

Umschlag unter Verwendung von Fotos von Michi Memminger und Mike Hierl.